O LABIRINTO DAS REENCARNAÇÕES

EDITORA EME

Solicite nosso catálogo completo, com mais de 500 títulos, onde você encontra as melhores opções do bom livro espírita: literatura infantojuvenil, contos, obras biográficas e de autoajuda, mensagens espirituais, romances palpitantes, estudos doutrinários, obras básicas de Allan Kardec, e mais os esclarecedores cursos e estudos para aplicação no centro espírita - iniciação, mediunidade, reuniões mediúnicas, oratória, desobsessão, fluidos e passes.

E caso não encontre os nossos livros na livraria de sua preferência, solicite o endereço de nosso distribuidor mais próximo de você.

Edição e distribuição

EDITORA EME

Caixa Postal 1820 - CEP 13360-000 - Capivari - SP

Telefones: (19) 3491-7000 | 3491-5449

Vivo (19) 99983-2575 | Claro (19) 99317-2800

vendas@editoraeme.com.br - www.editoraeme.com.br

Beatriz Aquino
Acácio dos Anjos (espírito)

O Labirinto das Reencarnações

Romance mediúnico

Capivari-SP
- 2016 -

A Editora EME mantém, ainda, o Centro Espírita "Mensagem de Esperança", colabora na manutenção da Comunidade Psicossomática Nova Consciência (clínica masculina para tratamento da dependência química), e patrocina, junto com outras empresas, a Central de Educação e Atendimento da Criança (Casa da Criança), em Capivari-SP.

2ª reimpressão - maio/2016 - de 5.001 a 15.500 exemplares

CAPA E DIAGRAMAÇÃO | Victor Benatti
REVISÃO | Matheus Rodrigues de Camargo

Ficha catalográfica

Acácio dos Anjos (espírito)
O labirinto das reencarnações / pelo espírito Acácio dos Anjos, [psicografado por] Beatriz Aquino - 2ª reimp. maio. 2016 - Capivari, SP : Editora EME.
272 p.

1ª ed. jan. 2016
ISBN 978-85-66805-74-1

1. Romance mediúnico. 2. Romance social moderno. 3. Espiritismo. 4. Mediunidade. I. Título.

CDD 133.9

"Minha mãe já foi minha filha e
minha filha já foi meu pai.

Meu irmão já foi meu avô
que hoje aqui não está mais.

Se todos fomos todos e se nisso não há mal algum,
o que importa o nome desse amor
se um dia seremos um?"

Sumário

Como tudo começou

QUERIDOS AMIGOS,

Psicografar este livro foi um grande desafio. Assim como é sempre um desafio psicografar qualquer mensagem que seja. Porém, este em especial exigiu de mim uma fé e uma confiança na espiritualidade que confesso que ainda não existia em meu coração.

No final do ano passado, ainda em São Paulo, durante os trabalhos na mesa mediúnica no Centro Espírita Amor e Paz, quando atuava ali como médium de psicografia e de psicofonia, senti nitidamente a presença de algumas crianças que do plano espiritual me pediram as mãos emprestadas para desenhar. Como era de costume, dei passividade para que elas pudessem transmitir com seus desenhos e cores as emoções que iam em seus coraçõezinhos. Até então, seria mais uma noite normal de trabalho. Porém, após alguns minutos nessa atividade, meu mentor, Acácio, pediu que eu emprestasse também minhas faculdades mediúnicas a um distinto senhor que estava ao seu lado, ao que prontamente aquiesci.

Esse senhor, sem dizer uma palavra, pôs-se a desenhar. Porém, diferente das crianças que passavam para o papel traços ingênuos e infantis, ele desenhava, com precisão, *portraits* de pessoas. Eram homens e mulheres com roupas, cabelos e porte de época. E abaixo de cada desenho ele colocava um nome e uma data de nascimento. No final desse trabalho olhei intrigada para o papel. Quem seriam essas pessoas? Do que se tratava aquela comunicação realizada através de desenhos? Meu mentor não me respondeu aos questionamentos e, respeitando o seu silêncio, silenciei também. Guardei os desenhos assim como guardo todo tipo de comunicação recebida da espiritualidade.

Meses depois, após ter me mudado para Poços de Caldas (MG), cidade onde resido atualmente, reencontrei esses desenhos em uma das últimas caixas da mudança que ainda estavam por desfazer. Organizei os desenhos sobre a mesa e me concentrei [veja alguns deles ao final deste texto, na página 12]. Precisava saber do que aquilo se tratava, do contrário, iria esquecê-los ou até mesmo jogá-los fora. Distribuí os desenhos sobre a mesa e percebi que as datas de nascimento que acompanhavam cada um deles possuíam uma ordem cronológica: 1905, 1912, 1938, 1945 e assim por diante.

Peguei um papel em branco e comecei a desenhar o que seria uma espécie de árvore genealógica. Vi então que aqueles desenhos e aquelas pessoas representavam uma família. No momento em que eu finalmente entendi o propósito da visita daquele distinto senhor, que desenhara através das minhas mãos meses antes, o meu mentor apareceu à minha frente e me disse com um sorriso:

- Vamos escrever?

E assim surgiram Marie-Estelle, Desirée, Theodóre, Marie-Eunice e todos os outros integrantes deste livro que chegaram até mim dessa maneira peculiar, para contarem suas histórias. Para que eu pudesse me aventurar em seus labirintos de dores, erros, acertos e aprendizados, tive que atravessar o meu labirinto particular, vencendo minha descrença e minha falta de fé.

Até hoje me pergunto o que teria acontecido caso eu tivesse jogado fora esses desenhos julgando-os menos importantes do que as mensagens claras e objetivas que estava acostumada a receber. Provavelmente a espiritualidade teria arrumado outro instrumento mediúnico para dar continuidade ao trabalho, visto que o tempo é precioso demais para ser desperdiçado. Certamente a maior perda seria minha, pois foi grande o meu aprendizado ao testemunhar as histórias dos personagens desse livro. Fica para mim a lição: não há nada que nos chegue do Alto que seja insignificante e sem propósito.

Espero que cada leitor, ao passear por estas páginas, possa também vencer seu próprio labirinto de dúvidas, de questionamentos e de descrença para colher as mensagens que a espiritualidade nos trouxe de maneira tão particular e generosa.

Que Jesus nos abençoe e que possamos a cada dia olhar o mundo com olhos de ver.

Um abraço fraterno,

Beatriz Aquino

Desenhos de alguns personagens desta narrativa,
recebidos mediunicamente pela autora:

Marie-Estelle

Antoine

Marie-Eunice

Ametista

Cândido Augusto

Eugênia

Maria das Dores

Théodore

Amália

Isabelle

Guilherme

Martina

Elisa

Prólogo

1995, TARDE DE domingo de um rigoroso outono em São Paulo.

Um menino de olhos grandes e melancólicos atravessa, vacilante, a calçada que leva até a entrada de sua escola dominical.

Entrando na sala, ao ver os amigos seu rosto perde por instantes o aspecto triste e, num ímpeto raro de felicidade, ensaia uma corrida em direção aos colegas de classe.

Mas mal dá dois passos, e a criança se precipita no chão, fazendo ressoar na sala o barulho do pesado aparato de metal que sustenta suas pernas defeituosas. A risada, como era de costume, foi geral. O menino, lívido pela queda, e depois vermelho de vergonha, tenta se levantar, mas cai novamente, fazendo ainda mais barulho na sala. As risadas aumentam. A criança está com o rosto colado no chão e não consegue levantá-lo, mais por vergonha do que por incapacidade física. Sua vontade era de ficar ali até ser esquecido. Até acabar a aula e ele poder ir para casa.

Ele permanece na mesma posição durante um bom tempo. Uma raiva imensa começa a brotar do seu peito. Quando estava prestes a se revoltar e explodir, uma mão, também pequena, porém menos frágil que a sua, lhe foi estendida ajudando-o a se levantar. A mesma mão que nunca lhe desamparava desde quando ele era ainda um bebê. Era a mão da sua irmã Martina, que com uma voz firme o encorajava:

- Venha, Gui. Levante. Não ligue não. Hoje a aula vai ser boa. A professora vai falar sobre "amar os inimigos" - disse a menina enquanto olhava com reprovação para os colegas de classe da evangelização infantil.

Guilherme conteve a raiva e aceitou a ajuda da irmã deixando-se conduzir obedientemente a uma das cadeiras da sala de aula improvisada da casa espírita onde seus pais eram trabalhadores.

Despertar de um gênio mau

VINCENNES, FRANÇA, MEADOS de 1800. A duquesa de Vincennes, Desirée, observa suas duas filhas brincando no majestoso jardim de sua residência. "Como são diferentes as duas", pensou a duquesa. Marie-Estelle era doce e comunicativa e adorava brincar ao ar livre. Já Ametista, que assim era chamada devido aos seus grandes e expressivos olhos, era taciturna e introspectiva e preferia ficar fechada no quarto a sair e ficar perto de gente.

"Como elas podem ser tão diferentes?", perguntavam as pessoas do seu círculo de convivência. Desirée apenas sorria e desconversava. Como duquesa, havia aprendido desde cedo a importância da discrição. Mas é claro que ela sabia o porquê da diferença entre as duas meninas, e que não eram apenas os dois anos que separava uma do nascimento da outra.

Ametista chegara à casa de Desirée aos seis anos de idade, desnutrida e maltratada. Seus olhos eram de um azul vibrante, parecendo ainda mais assustadoramente expressivos do que agora. Trazida por seu marido, que voltava de mais uma de suas intermináveis viagens, a menina não falava com ninguém. Assim como o seu marido, o duque de Vincennes (título que ele herdara ao desposar a duquesa), também não falou sobre a origem daquela menina. Mas Desirée sabia. Ametista era filha de algum relacionamento ilícito do esposo. Em vez de protestar, a duquesa calou-se.

A partir daquele dia, estava estabelecido um pacto silencioso entre os três. Ela, o duque e a assustada menina, não deveriam mais falar sobre as circunstâncias em que ela chegara até aquela casa.

Desirée decidiu criar a menina como sua filha, ao lado de sua primogênita, Marie-Estelle, que já tinha na época oito anos. Criara as duás sem distinção e com todo o amor materno que havia em seu coração. Ela no fundo tinha uma grande pena dessa menina e também das mulheres que, iludidas por seu marido, eram obrigadas a servir ao seu título de nobre.

Muitas vezes, Desirée se perguntava o que teria sido feito da mãe da menina. Provavelmente morrera, vítima de alguma doença com que a pobreza e o frio rigoroso da região magoavam os necessitados.

Desirée, ao cuidar da menina, pensava reparar um erro não só do seu marido mas também da sociedade burguesa e negligente em que vivia. Ela, apesar de pertencer a uma grande linhagem de nobres, sempre se dedicara a trabalhos sociais e humanitários, ainda pouco exercitados naquela época. A sociedade *burgeoise* pregava a supremacia das mentes privilegiadas e, debruçadas em livros de filósofos, pensadores e em músicas eruditas, proclamavam-se virtuosos. Viviam suas vidas entre festejos, saraus e reuniões pomposas, julgando-se colaboradores de um mundo mais harmônico e belo, esquecendo-se dos seus irmãos que, do lado de fora dos seus majestosos portões, viviam a pão e água sob o frio rigoroso que lhes fustigava o corpo e o otimismo.

Esses pobres desgraçados ajudaram a construir as ruas e os grandes palácios de Paris e, depois de dispensados de seus trabalhos, eram também dispensados da convivência social, sendo expulsos gradativamente tanto pelas adversidades quanto pela indiferença de uma sociedade hipócrita e de memória curta. O grande número de pedintes, mendigos e moradores ao relento aumentava, e a população nobre das cidades não fazia nada além de lhes virar o rosto. Eles eram como uma ferida aberta no orgulho da sociedade francesa. Eram como uma obra inacabada em meio aos majestosos castelos. Eram entulhos que alguém havia esquecido de retirar após a construção. Esses miseráveis de mãos calejadas e estendidas pedindo pão eram um desagradável incômodo para as elegantes senhoras que passeavam pela rua. Muitas vezes, elas valiam-se dos serviços da guarda local para afastar e até mesmo punir esses pedintes que atrapalhavam suas horas de descontração nas esnobes casas de chá. As senhoras esqueciam-se de que essas mesmas mãos "incômodas" foram as que a custo de pouquíssimas moedas, e em condições sub-humanas, trabalharam arduamente para construir as fundações de suas casas pomposas.

Era quase impossível discutir essas questões no meio em que a duquesa vivia. "Isso era coisa para políticos", comentava-se. As pessoas diziam estar ocupadas com assuntos mais sublimes para ocupar-se com argumentos e reflexões "enfadonhas", como era comum repetirem damas e senhoritas sempre que defrontadas com o assunto.

A duquesa Desirée ria. Desde cedo aprendera com sua mãe que a existência de uma mulher poderia ir além da renovação da *toillete*, das leituras e dos bordados.

Sua mãe acreditava que todo ser feminino era responsável por levar harmonia, beleza e principalmente alívio aos necessitados. "Enquanto os homens fazem guerra, nós fazemos poesia", ela dizia. E a poesia feita por ela e por sua filha não se limitava ao papel, mas se estendia às ruas e vielas escuras de Vincennes e Paris, levando alimentos, roupas e otimismo àqueles corações sofridos. Por essa razão, Desirée não hesitara ao receber em sua casa a menina Ametista como sua filha, calando os ciúmes de seu coração de esposa traída. O exercício que sua mãe docemente lhe impusera desde a infância havia construído nos recônditos de sua alma o nobre reflexo de ajudar primeiro e questionar depois.

"Que maravilha é um filho que cresce no seio de uma mãe caridosa. A postura dessa mãe é comparada a um precioso colar de pérolas no qual, durante a criação de seus filhos, vai depositando, uma a uma, as pedras do amor e da caridade. Quão venturosa é uma mãe que, ao se despedir dos filhos em seu último suspiro terreno, vê que deixou impresso no peito de cada um de seus rebentos a maravilhosa joia cujo brilho cintilará a longa distância, brilho que essa mãe dedicada colherá, feliz, na espiritualidade!", lembrou-se a duquesa das palavras do sacerdote no funeral de sua mãe. O eterno chamado para a prática do bem vibrava em seu coração sempre que se lembrava de sua genitora.

Assim era a duquesa Desirée. Assim havia sido criada e assim havia criado sua amada filha Marie-Estelle, que, para sua alegria, demonstrava a mesma tenacidade para a prática da caridade e a mesma vocação para ouvir os corações aflitos. A menina Ametista, por outro lado, era uma alma indecifrável. Desde pequena, sua índole era avessa ao otimismo e recuava a cada pedido da mãe adotiva e da meia-irmã para irem ajudar aos necessitados.

Na única ocasião em que cedera ao apelo, sua reação foi a de mais pura ojeriza e repulsa àquelas pessoas desgrenhadas e sujas. Desirée a havia levado como levara sua filha, pois decidira criar as duas sem nenhuma distinção. Foi um pedido de uma mãe para aquela filha que a vida lhe trouxera, para que ela participasse das atividades familiares. Foi um chamado ao trabalho e ao mesmo tempo um abraço de acolhimento. Desirée queria dizer à menina que ela era bem-vinda.

Mas infelizmente, não foi assim que o coração já endurecido da pequena Ametista interpretou tal ato. Sabendo que era adotiva e que provavelmente era filha bastarda de um pai que lhe evitava o contato, Ametista crescia nutrindo uma grande mágoa pelo genitor emocionalmente ausente. Quanto à sua amorosa mãe adotiva e sua delicada e carinhosa irmã, ela até então não conseguia elaborar um julgamento. Via-se confusa entre aceitar o afeto e repudiá-lo, hábito corriqueiro dos corações abandonados na infância. Ametista era uma menina desconfiada e temia ligar-

-se emocionalmente às pessoas, visto que sua mãe, a única pessoa a quem tinha amado, a abandonara, deixando o mundo após uma doença. A menina até então crescia entre dúvidas e apreensões, experimentando um doloroso conflito entre aceitar o amor que lhe ofereciam ou se trancar nos porões de suas mágoas infantis.

Ela já estava quase cedendo à atmosfera protetora e equilibrada daquele lar e aos encantos da mãe adotiva e de sua meia-irmã, quando, ao resolver aceitar o convite da duquesa para visitar os necessitados, deparou-se com a triste realidade fora da rica residência em que vivia. Ao ver aqueles olhos famintos de pão e afeto, ao sentir o contato daquelas mãos rijas e calosas e ao ouvir aqueles lamentos das almas perdidas na dor, a pequena Ametista lembrou-se automaticamente de sua infeliz infância. Aqueles olhos em desespero eram os mesmos olhos de sua mãe, que a deixara sozinha no mundo; aquelas mãos sofridas e marcadas que agora lhe tocavam pedindo ajuda eram as mesmas que lhe acalentaram o berço...

Essa experiência foi um choque grande demais para a menina, um sentimento que lhe causou impressão na alma. Até então, ela era apenas uma criança assustada, mas ali, naquele momento, entendeu que precisava ser bem mais que isso. Ela precisaria ser forte para não ter o mesmo destino daqueles desgraçados à sua frente. Ao olhar para a elegante duquesa e para a adorável figura de sua meia-irmã, entendeu pela primeira vez o quanto era diferente das duas. Diferença que não havia ainda notado até ser colocada à frente daquelas pessoas que lhe ofereciam tão desagradável contraste.

Ela olhou para suas vestes, que, embora fossem iguais às da duquesa e às da irmã, não lhe caíam tão graciosamente. Olhou para suas mãos, analisou seu tom de pele, que não era alvíssimo como o das duas. Apesar de ser bonita, ela possuía uma beleza agressiva. Sua pele cor de oliva a destacava da sua família, e seus olhos eram de um azul tão intenso que chegavam quase a ser assustadores. Sim, era uma menina bonita e seria uma bela moça, ela sabia. Porém, jamais teria a beleza sofisticada de sua mãe e a doçura angelical de sua meia-irmã.

E a partir daquele momento, o que era indiferença se transformou em mágoa. Ametista achou que a mãe adotiva havia encontrado um modo cruel e silencioso de lhe dizer: "Esse é o seu verdadeiro lugar". E, sentindo-se humilhada, passou a odiar as duas com todas as suas forças. Julgava-se um ser injustiçado, que era obrigado a aceitar a caridade e conviver com aqueles que escarneciam da sua condição de indigente. Alimentando esse sentimento, Ametista cresceu com o coração cada vez mais distante da família que a acolhera.

Tudo o que era virtuoso ou edificante lhe causava desconforto, pois, como se julgava credora do mundo e que Deus estava em débito com ela, escandalizava-se de se ocupar de algo além dos seus interesses. E seus interesses eram sempre os mais escusos. Ametista cresceu demonstrando habilidade para engendrar intrigas e conspirações. Tornara-se uma adolescente melindrosa e mimada que não poupava estratégias pouco louváveis para atingir seus objetivos. No início, exercitando seu pequeno poder, sua ira disfarçada recaía sobre os criados, pois os julgava representantes da sua origem, o que causava um enorme desconforto em seu cotidiano fútil. Quantas não foram as famílias que arruinou ao fazer com que cozinheiras e serviçais fossem demitidos, vítimas das suas artimanhas e mentiras; quantas almas honradas ela não desgraçou ao acusar de roubos e abusos naquele lar antes harmonioso...

Todas as suas demandas eram aceitas sem pestanejar pela duquesa e por sua meia-irmã, espíritos inocentes às vilanias que uma pessoa era capaz de cometer. Somente seu pai, o duque de Vincennes, que conhecia bem o mundo e a maldade que nele imperava, reconhecia na filha as sombras de escuridão e perigos vindos dos lugares em que ele costumava frequentar quando moço. O duque não era um homem mal. Era apenas mais um rapaz de família rica que na mocidade abusara de seus dotes e poderes. Com o tempo ele até tentou se aproximar da menina Ametista, mas tanto seu remorso quanto a indiferença da pequena soterraram qualquer chance de fazer florescer o amor e a comunhão benéfica naqueles dois corações. Ele então a observava de longe, e o modo com que ela se comportava muito o preocupava.

No dia em que Marie-Estelle completou quinze anos, uma grande festa foi organizada para apresentar a moça à sociedade. Como Ametista tinha quase quatorze, e já era uma moça feita, a família resolveu que ela participaria da festa com a irmã, aproveitando o ensejo para também apresentá-la à sociedade.

Ametista, claro, não viu isso com bons olhos, visto que

queria uma festa só sua e achava que estava sempre recebendo as sobras da "favorita da família", como ela costumava repetir quando estava sozinha em seu quarto. Mas mesmo assim resolveu aceitar. Aos olhos dos outros familiares, era doce e terna, e a tudo aceitava tacitamente. Sua fúria e sua revolta se faziam nos "bastidores" das relações. Era nas sombras que ela caminhava magistralmente. E a menina de olhos doces para o mundo exterior, mas terríveis quando de frente ao espelho, já tinha um plano para atrapalhar o dia feliz de sua meia-irmã. E esse plano se chamava Antoine, um rapaz de família nobre por quem Marie-Estelle havia se apaixonado e que Ametista faria questão de ver longe da sua "doce irmãzinha".

A primeira coisa a fazer era livrar-se de Olga, uma senhora que havia sido ama de Marie-Estelle e depois também a sua.

- Outra que sempre preferiu a "encantadora Marie-Estelle" - repetiu Ametista em frente ao espelho, fazendo caretas, enquanto imitava a voz das mulheres que visitavam sua casa.

Ametista sabia que Olga era uma devotada protetora de sua meia-irmã e que há muito já lhe lançava olhares desconfiados, adivinhando talvez o que ia verdadeiramente em seu coração.

- Com ela sempre por perto, vai ser difícil que tudo saia conforme eu planejei. Pois então é bem melhor que ela vá viver em outro lugar, de preferência bem longe dessa casa - pensou a jovem.

Ametista decidiu então pegar os brincos de pérolas que

a duquesa lhe presenteara em ocasião do seu aniversário de doze anos. Sabia que eles possuíam um alto valor, visto que sua mãe adotiva era a generosidade em pessoa. Tirou os brincos da caixa e os colocou em um lenço que havia roubado das coisas da ama de Marie-Estelle. O lenço possuía um delicado bordado de flores, trabalho que a senhora Olga costumava fazer com esmero para enfeitar sua roupa de cama. Ametista colocou os brincos enrolados no lenço em um dos bolsos de seu pesado vestido e dirigiu-se à ala dos criados. Sabia que àquela hora a velha ama estaria nos jardins ajudando Marie-Estelle a cuidar dos preparativos da grande festa. Entrou sem que ninguém a visse no quarto da senhora Olga, dobrou cuidadosamente o lenço junto com os brincos e colocou-os dentro da caixa de costura, saindo logo em seguida.

No dia seguinte, chamou aos gritos sua mãe adotiva e sua meia-irmã:

- Mamãe! Estelle! Oh, que desgraça! Que desgraça!

Ao entrarem no quarto, Desirée e Marie-Estelle encontraram a jovem Ametista sentada em sua cama. A cabeça apoiada sobre as mãos como quem estivesse chorando há muito tempo.

- O que aconteceu, filha? Por que está tão desesperada?

- Oh, mamãe! Eu abri minha caixa de joias hoje para experimentar os brincos de pérolas que a senhora me deu de presente, e qual não foi minha surpresa ao ver que eles não estavam ali. Eles sumiram! Não consigo encontrá-los em lugar algum!

- Calma, querida. Não se desespere. Afinal de contas, trata-se apenas de um par de brincos. Você pode usar outro.

- Não, mamãe! Esses a senhora me deu de presente quando completei doze anos. Foi quando terminei minhas lições finais de piano, lembra? A senhora me deu com tanto carinho! Foi um dia tão especial, e por isso eles possuem um valor inestimável para mim.

- Sim, claro que me lembro, filha. Mas venha, iremos ajudá-la a procurar.

- Eu já procurei no quarto inteiro! Que lástima mamãe! Tenho já tão pouca coisa do que me lembrar da minha infância, vocês bem o sabem - lamentou a jovem, que, como de costume, tentava usar sua infância infeliz para sensibilizar a família.

Marie-Estelle olhava com curiosidade e surpresa para sua meia-irmã. Ela que era uma alma doce e tranquila, não entendia os arroubos e aflições de Ametista, que vez ou outra estava metida em pequenas tragédias cotidianas. Mas como a amava, procurava entender seu temperamento tão diferente do seu.

Após muito procurarem, a duquesa decidiu pedir ao mordomo da casa que iniciasse uma vistoria em todos os cômodos. Odiava fazer isso, pois sabia que era sempre algo constrangedor para os criados, mas, como Ametista estava inconsolável e o duque estava viajando, não havia escolha senão deixar que o mordomo iniciasse a onda de mal-estar que um episódio do gênero inevitavelmente causava. Em seu íntimo, a duquesa rezava para que tudo não passasse de um mal-entendido. Detestava se indispor com seus criados, pois amava a cada um deles e conhecia o nome e a vida de suas famílias.

O mordomo, o senhor Rycsard, era um polonês exigente e arrogante, que conduzia o palácio da duquesa com mão de ferro. Há muito vinha esperando por um acontecimento do tipo, pois achava que a duquesa era condescendente demais com os criados. O criado chefe iniciou, com a ajuda de alguns homens, a revista na propriedade.

Os criados estavam todos enfileirados e de cabeça baixa do lado de fora da casa, enquanto seus aposentos eram revistados. Alguns choravam baixinho, pois sabiam que o que quer que houvesse acontecido, a culpa sempre recairia sobre eles, que eram o elo mais fraco daquele lugar.

Desirée e Marie-Estelle ficaram na sala de estar na parte superior da casa. De mãos dadas, elas se olhavam, assustadas e apreensivas, como se sentissem o medo e a aflição dos seus servidores. Eram espíritos que possuíam empatia pelos outros seres humanos, principalmente por aqueles mais frágeis e necessitados. A duquesa e sua filha, em vez de orgulho, no fundo sentiam vergonha de suas posições de nobreza. Principalmente em situações como aquela, em que os degraus que as separavam do resto do mundo pareciam ainda maiores.

Elas sofriam ao ver que, devido ao título que possuíam, as pessoas mais simples eram obrigadas a reverenciá-las e tratá-las de maneira diferente. Constrangiam-se ao ver o silêncio que se instalava quando entravam em um ambiente destinado aos criados. Muitas vezes, antes de eles perceberem suas presenças, estavam rindo e permitiam-se ser mais leves e naturais, mas era só notarem suas presenças que todos emudeciam, num silêncio cheio de medo. Mãe e filha detestavam aquela sensação que causavam nos criados e faziam o possível para que se sentissem seguros e confiantes, conversando com eles e tratando-os com carinho e atenção. Mas a duquesa sabia que era difícil mudar tantos anos de ranço entre a nobreza e a criadagem. Aquelas pessoas pertenciam a gerações de criados que serviam casas nobres e estavam acostumados à opressão e à humilhação. De qualquer forma, esforçava-se para manter em seu lar um clima de harmonia e paz. Por isso aquele episódio a enchia de preocupação. Sabia que alguém sempre sairia machucado.

E realmente saiu. A duquesa foi chamada pelo mordomo para ser informada do resultado da revista. Ao descer as escadas, encontrou a senhora Olga, vestida com seu casaco surrado e com sua pequena mala na mão. A velha senhora chorava copiosamente.

- O que está acontecendo, Rycsard? - disse a duquesa.

- Encontramos os brincos, madame.

- Que bom que os brincos foram encontrados! Tenho certeza que tudo não passou de um mal-entendido. Agora me diga por que Olga está com uma mala nas mãos?

- A senhora Olga está se preparando para acompanhar-me até as autoridades locais. Os brincos foram encontrados em seus aposentos e, como a senhora deve saber, a pena nesses casos é a prisão.

- Prisão? Mas... - perguntou a duquesa, tentando entender o que se passava.

- A senhora Olga roubou os brincos de *mademoiselle* Ametista, madame. Não há outro lugar para ela agora além da prisão.

- Não! Ninguém irá para a prisão nesta casa. Oh, por Deus! É apenas um par de brincos! - disse a duquesa, enquanto se dirigia a Olga e retirava a mala das suas mãos.

- Madame, devo informar que, como dirigente dos criados desta casa, autoridade que me foi dada pelo duque, é inadmissível que um criado flagrado em roubo continue trabalhando no mesmo lugar que maculou com um ato tão vil. Portanto...

- Portanto, senhor Rycsard, creio que eu, enquanto duquesa, devo tomar a decisão que achar mais acertada, não acha? - disse com voz firme a duquesa. Ela evitava impor-se daquela maneira, mas havia aprendido ao longo do tempo a usar do poder de sua posição para combater as injustiças.

O mordomo entregou o lenço com os brincos à duquesa e assentiu consternado:

- Certamente, madame. Proceda como melhor lhe aprouver.

- Deixem-nos a sós - pediu a duquesa.

O mordomo deixou a sala e as duas mulheres ficaram paradas durante um longo tempo. A senhora Olga chorando e a duquesa de cabeça baixa, com as mãos sobre o peito. Depois de longos minutos, Desirée levantou a cabeça e, com os olhos marejados, perguntou:

- Por quê, Olga?

- Duquesa, eu lhe imploro que acredite no que digo. Não peguei os brincos da *mademoseille* Ametista. Não peguei!

- Mas o que aconteceu então?

- Não sei, minha senhora. Oh! Isso é tão terrível! Nunca em anos e anos de trabalho isso havia me acontecido. Chegar a essa idade acusada de ladra! Meu Deus! Terminar meus dias em uma prisão.

- Acalme-se, Olga. Ninguém nesta casa irá para a prisão. Eu preciso apenas que você tente me explicar o que aconteceu. Como esses brincos foram parar nos seus aposentos?

- Eu não sei, minha senhora! Não sei! Tenho um amor imenso pela menina Estelle e jamais faria nada para prejudicar a menina Ametista.

- Eu sei, Olga. Você chegou a esta casa quando era ainda jovem, e sua mãe foi minha ama. Bem sabe o quanto a respeitamos e honramos sua dedicação às nossas filhas. Mas isso...

- Eu juro que não peguei os brincos duquesa. Juro!

- Existe então alguém que... Oh meu Deus! Isso é terrível só de imaginar! Mas, me diga, existiria alguém que quisesse incriminá-la colocando os brincos em suas coisas? Iremos atrás dos fatos e provaremos sua inocência. Você é inocente, não é, Olga?

A criada abaixou a cabeça. Ela tinha uma desconfiança. Na verdade, era quase uma certeza. Sabia que a menina Ametista era capaz de qualquer coisa para realizar o que estivesse tramando. Mas sabia que jamais poderia levantar tal acusação à filha de uma duquesa. Mesmo que essa filha fosse adotiva, ela era apenas uma criada e, assim como aprendera com sua mãe, decidiu calar-se e aceitar a culpa do que dizer a verdade e prejudicar-se ainda mais.

Diante do silêncio da criada, a duquesa respirou resignada.

- Bem, Olga, não posso fazer muito para lhe ajudar já que você, aparentemente, está me escondendo alguma coisa.

A criada continuava em silêncio.

- O que quer que tenha acontecido, não permitirei que você vá para a prisão. Seria terrível demais até mesmo imaginar tal coisa. Diga-me, você ainda tem algum familiar?

- Apenas uma irmã que mora em Nantes, madame.

- Pois providenciarei para que você parta em segurança hoje mesmo, e também para que tenha recursos para viver com dignidade até o fim dos seus dias. Oh, Olga! Diga-me que viverá em paz, por favor!

- Sim, madame. Graças à minha senhora.

A duquesa abraçou a criada e entre lágrimas lhe disse:

- Quero que saiba que sempre foi respeitada e amada por mim e por minhas filhas. O que quer que a tenha levado a se envolver em tal ato será apagado pelos anos de dedicação materna às minhas pequenas.

- Ah, madame! Eu gostaria tanto de poder explicar...

- Não se preocupe. Jamais poderei julgar com clareza uma vida de dificuldades, visto que sempre fui cercada de privilégios. Perdoe-me, Olga. Perdoe-me se em algum momento eu a fiz parecer menos importante do que você é.

- Não, duquesa. A madame sempre foi a mais humana de todas as nobres que conheci. Posso aproveitar-me da sua nobreza e lhe fazer um último pedido antes de partir?

- Sim, Olga. Peça.

- Posso abraçar a menina Estelle pela última vez?

- Ah, Estelle! Ela ficará devastada... Claro que pode abraçá-la. Eu vou chamá-la, Olga.

Estelle, que ouvia tudo no alto da larga escadaria, precipitou-se para a sala abraçando a ama querida:

- Olga, não! Não vá! Por favor! Mamãe, não deixe que ela vá embora, por favor. Sei que ela jamais faria isso!

- Filha, sei que é horrivelmente triste, mas, devido às circunstâncias, não há nada que eu possa fazer.

- Mamãe, por favor! Olga não vá! Não vá! - repetia a menina enquanto beijava a ama, banhando seu rosto com suas lágrimas.

- Será mais seguro para ela, Estelle. Ela ficará bem com a irmã em Nantes.

Estelle permaneceu um bom tempo no jardim da casa abraçada àquela senhora a quem tanto amava, sentindo o seu perfume doce e maternal pela última vez. Tocava seu rosto enrugado e, fitando aqueles olhos tão amáveis, aqueles olhos que por tantas noites a haviam dado segurança e conforto, beijou as mãos que haviam cuidado dela. Amava tanto aquela mulher que embalava seu sono com lindas histórias antes de dormir! Como ficaria sem ela naquela casa? Marie-Estelle a conhecia desde bebê. Olga havia sido, após sua mãe, a primeira pessoa que a colocara no colo.

A menina, pela primeira vez, sentiu uma tristeza imensa. Tristeza que não sabia explicar. Até então, seu mundo era uma fábula cor-de-rosa, adornada pelos mais belos cenários. Agora, vendo aquela doce criatura partir, vítima provavelmente de uma injustiça, temia o mundo real que se descortinava à sua frente.

A mãe a abraçou, levando-a para dentro de casa, enquanto Olga partia levando sua pequena mala.

Em seu quarto, na parte superior da casa, Ametista via a cena comovente entre sua meia-irmã e a criada. Seus olhos faiscavam, uma luz estranha refletindo suas emoções. Ela parecia uma credora contabilizando o recebimento de um pagamento ansiosamente esperado. Havia orquestrado aquilo apenas para deixar Estelle menos vigiada, mas naquele momento descobriu que tinha poder para fazer muito mais. Teria poder para começar a fazer ruir a estrutura equilibrada daquela família.

"Justo que elas experimentem um pouco de tristeza e desamparo na vida!", pensou ela, enquanto dentro de si se iniciava silenciosamente uma fome de vingança e destruição há muito adormecida.

Semanas depois, o dia da tão esperada festa chegou. A movimentação era grande nos jardins da suntuosa residência da duquesa e do duque de Vincennes. Os criados corriam de um lado para o outro, decorando os pórticos e distribuindo mesas, cadeiras e aparadores com comida, frutas e bebidas para os convidados. A orquestra começava a preparar seus instrumentos para as valsas que tocariam à noite. Um ruído incômodo de violinos afinando tomava conta do ambiente. Marie-Estelle estava no quarto com sua mãe, que lhe ajudava a arrumar o penteado. Ametista, aproveitando-se da ocasião, foi ao jardim para certificar-se dos detalhes da decoração e, como de costume, maltratar os empregados. Ela estava gritando com um dos jardineiros quando ouviu uma voz por trás de si chamando sua atenção:

- Dirigindo a casa na ausência da duquesa, Ametista?

A jovem estremeceu. Virou-se e viu o duque, que a encarava de maneira irônica e hostil.

- Claro que não, senhor duque - respondeu enquanto fazia um gesto de reverência.

O duque há muito vinha observando sua filha e sabia que suas atitudes delicadas e respeitosas restringiam-se a pessoas influentes. Já havia observado que, quando eles estavam longe, Ametista se transformava, e que seus doces olhos azuis mais pareciam duas pedras de fogo, disparando fúria contra os mais frágeis. Há muito tempo que o duque, vinha ensaiando uma conversa com a filha.

- O que houve com sua voz? Ela parecia mais alta agora há pouco. Por que usa um tom para falar comigo e outro para falar com os criados?

- Ora, porque... eles são criados, senhor duque - respondeu a jovem, ainda de cabeça baixa. Sua voz, apesar de parecer tímida, denunciava a repulsa que sentia pelos empregados da casa.

- E por acaso são eles assim tão diferentes de nós, Ametista?

A jovem permaneceu em silêncio.

- Responda, menina.

- Evidente que são, senhor duque.

- No que eles são diferentes?

- Ora, em tudo. Somos uma família de nobres e eles são criados que nos servem... - a jovem parecia confusa, pois para ela a lógica era muito clara: os nobres eram superiores a todos os outros e ponto final.

- Entendo. E por isso eles devem ser tratados aos berros?

- Não... Quer dizer... Às vezes eles não fazem nada direito e é preciso...

- Não. Não é preciso. Não é necessário maltratar quem quer que seja. Mas claro que você não deve entender isso, já que acha que somos superiores a todos eles...

A jovem ficou em silêncio.

- Ametista, minha filha - era muito raro ele chamá-la assim -, venho observando suas atitudes, e elas muito me preocupam. Sei que sou um pai distante e que deveria ter tido essa conversa com você há muito tempo. Sua mãe...

- Minha mãe é a duquesa de Vincennes - interrompeu a jovem rapidamente, para evitar que o duque verbalizasse o que ela não suportaria ouvir.

- Não, Ametista. Apesar do devotamento e amor que ela tem por você, ela não é sua mãe. E você sabe muito bem disso. Quando pequena...

- Eu era muito pequena. Não me lembro de nada - interrompeu a jovem mais uma vez. O nervosismo deixava seu rosto vermelho.

- Você tinha seis anos Ametista, e seguramente se lembra de muita coisa. Deve lembrar que tinha uma mãe e que sua mãe era...

- Não me lembro de nada!

- ... sua mãe era também uma criada...

- Não me lembro de nada, senhor duque - repetiu a jovem em um grunhido, seus olhos levantando-se lentamente em direção ao pai.

- ... era uma criada, uma pessoa muito simples e muito bondosa, portanto...

- Eu nunca tive mãe! O senhor bem sabe! O que quer fazer? Me torturar? Arrancar da minha cabeça coisas que fiz questão de esquecer?!

- Não, Ametista. Quero apenas que entenda...

- Pois bem! Eu me lembro sim! Me lembro de tudo! Me lembro daquela casa malcheirosa em que eu nasci e onde dei os meus primeiros passos! Lembro-me do cheiro constante de mofo e das latrinas mal lavadas!

- Acalme-se menina. Minha intenção não era...

- Lembro-me de tudo, sim. Lembro-me das mãos calejadas e dos braços doentes da minha mãe, que morreu praticamente na minha frente! E o senhor quer saber do que ela morreu, senhor duque?

- Ametista, acalme-se.

- Morreu de abandono e desgosto! Quantas vezes a vi chorando, olhando pela janela à espera da visita do ilustríssimo rapaz de boa família. Pobre miserável! Iludia-se achando que um nobre iria casar-se com uma simples lavadeira.

- Eu amei sua mãe Ametista, mas as convenções...

- Ah! As convenções! Sim, eu as conheço bem, senhor duque! Tudo deve caminhar de acordo com as convenções sociais, não é mesmo? O senhor abandonou minha mãe e também a mim! Ela morreu lhe esperando e o senhor só me trouxe para essa casa para aplacar seu remorso, que deve ser gigantesco!

- Eu sinto muito. Eu não sabia que você guardava tanta mágoa. Eu a trouxe para cá para que tivesse uma boa educação e....

- Ah sim! Trouxe-me sim para o seu lindo e inestimável lar, mas provavelmente, se não fosse pela intervenção da bondosa duquesa, o senhor teria me jogado junto com os criados!

O duque nada respondeu. Sabia que no fundo era essa sua intenção inicial. E agora, ao ver diante de si alguém tão cheio de mágoa e ressentimento, arrependeu-se de sua atitude.

- É bem verdade que se não fosse pela generosidade da duquesa eu não estaria frequentando as alas nobres da casa e sim os corredores engordurados das cozinhas! Aposto que a duquesa fez isso para puni-lo. Para que o senhor visse, dia após dia, seu ato vergonhoso desfilando diante dos seus olhos.

- Não. Desirée jamais faria isso.

-Ah, claro que não! Não mesmo! Ela é perfeita, não é? Tão bondosa e tão carinhosa... Assim como sua doce filha, Marie-Estelle.

- Nunca imaginei que sentisse tanto ressentimento das duas. Elas nunca lhe fizeram mal.

- Ora, e quem falou em ressentimento? Eu tenho mesmo é ódio! Ódio dessa condição de pena a que o senhor me submeteu. Desde o início me obrigou a engolir minha origem para respeitar as convenções. Acha que não vejo os olhares que os convidados dessa casa lançam sobre mim? Uma órfã vinda sabe-se lá de onde, acolhida pela bondade do duque e da duquesa. Há anos escuto comentários piedosos a meu respeito sem que eu possa responder à altura! Sem que eu possa me virar e dizer que também sou filha legítima do duque! Sempre segui as convenções sociais, e agora do que reclama? Por que grito com esses pobres desgraçados? O que esperava? Que eu fosse doce como sua querida filha preferida? Que fosse bondosa como a duquesa, tendo passado por tudo o que passei? Não, senhor duque! O senhor pode exigir tudo de mim, menos que eu mude a minha natureza!

- Não vou permitir que continue destratando os empregados e criando terror nessa casa.

- Que moral o senhor tem para falar de mim? O senhor me abandonou em vida. Sempre me excluiu, mesmo a curta distância. Despreza-me mesmo eu estando sob o seu teto.

- Eu a proíbo de...

- O que irá fazer? Me punir? Me trancar numa cela? Mandar-me para a cozinha? Sou sua filha, senhor duque, e tenho direitos, assim como qualquer um dessa família!

A jovem saiu em disparada para interior da casa, deixando o duque estupefato. Ele estava assombrado com essa pessoa que se apresentava à sua frente. Ametista estava totalmente diferente do que costumava se apresentar aos outros. Seus grandes olhos faiscavam e o tom da sua voz era assustador. Nesse momento, o duque temeu por sua família. Sabia que havia colocado em seu seio familiar um componente altamente nocivo, e agora não sabia como remediar essa situação. Ele preferiu não comentar o ocorrido com sua esposa, decidindo refletir sobre o futuro de Ametista depois da festa.

Ametista chegou ao seu quarto e trancou a porta. Era a primeira vez que falava tudo o que vinha em seu coração. Desde pequena, em seus longos meses de silêncio e medo, ela havia calculado se transformar em uma personalidade diferente da sua. Quando chegou àquela casa, estava muito assustada e não sabia o que esperar dos que a acolhiam. Sabia apenas que não poderia voltar à sua vida de antes. Faria qualquer coisa para que não a mandassem de volta. Por isso, calculou cada detalhe da menina que deveria se tornar. Sendo educada, dócil e prestativa, ela agradaria a todos e principalmente à duquesa e sua meia-irmã. No entanto, sua verdadeira identidade estava ali, latente, esperando apenas a hora de emergir. E o episódio com o duque só reforçou a força descomunal da sua verdadeira personalidade. Ao gritar com o respeitado duque, ela não era mais a menina obediente e grata. Ela era forte e decidida. Ametista se olhou no espelho, deliciando-se com a fisionomia sombria refletida.

– Ainda terei todos esses nobres arrogantes aos meus pés. Serão eles que um dia farão reverência a mim. Mas, primeiro, temos que dar um jeito na reputação da minha doce meia-irmã - disse a jovem em frente ao espelho.

Abriu a gaveta do armário da cômoda, tirou um pequeno frasco contendo um líquido azulado e colocou-o no bolso do seu vestido.

- A festa vai começar - disse sorrindo.

E a festa realmente começou. Ametista e Marie-Estelle foram apresentadas oficialmente à sociedade. As duas estavam lindas em seus trajes de festa, e todos brindavam felizes à beleza das duas jovens.

Na hora da valsa, o duque dançou com as duas filhas, permanecendo em silêncio enquanto conduzia Ametista pelo salão. A jovem sorria o tempo inteiro, fazendo parecer que nada de grave havia ocorrido naquela tarde, o que só aumentava a preocupação do duque. Ver Ametista tão leve e falante, conquistando a todos com sua eloquência e gentileza, apesar do que sentia por dentro, só confirmava sua suspeita de que ela seria capaz de qualquer coisa para atingir seus objetivos. Ele deveria tomar uma atitude urgente.

- Depois da festa. Depois... - pensou o duque.

Marie-Estelle, que havia dançado praticamente a noite inteira com Antoine, estava radiante e feliz. O casal experimentava o êxtase e a alegria das almas que se encontram em afinidades nobres. Ela e Antoine estavam há muito destinados a construir uma família juntos. A jovem estava ainda enlevada pela sensação agradável deixada pelos braços e palavras do seu amado quando Ametista se aproximou trazendo consigo duas taças.

- Um brinde à nossa alegria, minha irmã! - disse-lhe a jovem com um sorriso no rosto.

- Obrigada, Ametista. Estou tão feliz! Está sendo uma noite adorável, não está? - respondeu Marie-Estelle, aceitando a bebida da irmã. Era a primeira vez que lhes era permitido beber.

- Sim, uma noite muito especial. Para você, então, está mais especial ainda. Antoine decidiu, enfim, se declarar?

- Ah, sim! Ele me disse que iremos nos casar daqui a dois invernos. É o tempo de eu completar dezessete anos, e ele terminar a escola militar.

- Será perfeito, então! Assim você poderá se casar na primavera! Diga que se casará na primavera! Época mais linda não há!

- Sim, Ametista. Me casarei na primavera e você será a madrinha.

- Eu?

- Mas é claro! Quem mais? Você sabe o quanto eu a amo, não sabe, Ametista?

Ametista, fingindo emoção, respondeu:

- Eu também a amo muito minha irmã. Amo você, nossa mãe e nosso pai - disse enquanto olhava para o duque e levantava a taça, propondo um brinde. O duque apenas a olhou intrigado.

- Bem, logo também será você a planejar o seu casamento, Ametista. Diga-me. Não há ninguém que tenha feito seu coração bater mais forte?

- Meu coração? Não, minha irmã. Meu coração bate mais forte apenas por nossa família. Mas vejo que você está um pouco pálida. Você está se sentindo bem?

- Bem, agora que perguntou, percebo que estou me sentindo um pouco tonta. Acho que deve ser a bebida. É deliciosa, mas, como mamãe falou, pode ser muito forte para quem não está acostumado.

- Venha. Vamos à biblioteca. Sentar-se um pouco irá fazer você se sentir melhor.

- Mas e Antoine?

- Não se preocupe. Voltaremos para a festa assim que você se recompor.

Ametista conduziu discretamente a irmã até a biblioteca. Chegando lá, aproveitando que o efeito do remédio que havia colocado em sua bebida aumentava, deitou-a no grande canapé que compunha a decoração da majestosa biblioteca do duque. Marie-Estelle tentou protestar:

- Eu preciso voltar para a festa...

- Ê... calma. Você não pode voltar para a festa assim, minha irmã. Afinal, o que diriam se vissem a futura duquesa de Vincennes cambaleante por causa de excesso de ponche?

- Mas eu só tomei uma taça. Quantas você tomou?

- Apenas uma também.

- Então, por que você... - Marie-Estelle não conseguiu dizer mais nada, seus olhos fechando-se em sono profundo.

- Isso. Durma, minha irmã - sussurrou Ametista enquanto despia a irmã do longo vestido que usava, deixando-a apenas em trajes íntimos. Em seguida, diminuiu parte da iluminação do local deixando apenas algumas velas acesas, e saiu fechando a porta cuidadosamente.

Nos jardins, procurou imediatamente por Antoine, dizendo que Marie-Estelle o esperava na biblioteca para falar-lhe, ao que o rapaz atendeu prontamente.

Chegando à biblioteca, Antoine, encontrando Marie-Estelle naquele estado, ficou desconcertado. Era um rapaz respeitador e nutria um sentimento verdadeiro pela jovem, mas vê-la naqueles trajes o deixava confuso. Ele se aproximou e viu que ela dormia. Tentou acordá-la, chamando-a, mas nada aconteceu. Sentou-se ao lado do canapé e tomou-a em seus braços para ver se assim ela acordava.

- Marie... Acorde.

A jovem mexeu-se um pouco sob seus braços e, após a insistência do rapaz, abriu os olhos grogues.

- Antoine...

- O que aconteceu? O que faz aqui nesse estado?

A jovem, pensando estar em mais um dos seus sonhos levou as mãos até o rosto do rapaz e disse:

- Antoine... meu doce Antoine. Me beije...

O jovem, entre desconcertado e surpreso, decidiu atender os apelos da jovem, beijando-a delicadamente.

Nesse momento, ouviu-se a voz de Ametista, que entrava na biblioteca acompanhada do duque e da duquesa, além de alguns senhores e senhoras de estimada reputação da sociedade, que ela havia convidado para irem até a biblioteca ouvirem-na recitar uma das suas poesias preferidas.

- O exemplar de Baudelaire está aqui, com certeza. Entrem por favor, e terei o prazer de...

A jovem parou teatralmente na porta, dando aos convidados uma sensação de suspense. Levou uma das mãos à boca e exclamou:

- Oh, Deus! Minha irmã...

A cena, para quem via de fora, era realmente escandalosa. Marie-Estelle em trajes mínimos deitada languidamente em um grande sofá, tendo a parte de cima do seu corpo envolvida por Antoine, que a abraçava e a beijava.

A duquesa e o duque olhavam horrorizados para a filha, e os convidados também não disfarçavam seu espanto e descontentamento.

Trevas no lar

DEPOIS DO TRISTE episódio ocorrido em sua festa de quinze anos, a reputação de Marie-Estelle ficou muito comprometida. Não se falava outra coisa nos círculos sociais em que frequentavam. Os pais de Antoine enviaram o filho às pressas para uma viagem, pois queriam evitar a todo custo que ele fosse obrigado a se casar com uma jovem de reputação duvidosa.

Mas a consequência mais grave dessa ocorrência foi a fissura moral instalada no seio daquela família. Marie-Estelle abateu-se com a culpa e os julgamentos que caíam sobre ela, e também com a tristeza de ver o seu amor partindo sem que pudesse se despedir. Esses sentimentos açoitavam seu coração. Seus pais também sofriam muito com tudo o que acontecia, e a convivência naquela família tornou-se um suplício. Eles não se entendiam mais. O duque culpava a esposa por ter sido negligente na educação da filha, e a duquesa culpava a filha por não ter confiado nela o bastante para lhe confidenciar que estava prestes a fazer uma loucura.

No meio daquele campo de desarmonia, Ametista transitava com maestria. Como sabia flutuar nas trevas aquele espírito tão cheio de malícia e rancor... Desdobrava-se em atenção com os pais e com a irmã, enchendo-os de cuidados e carinhos. Pobre criatura! Era um vaga-lume que só sabia brilhar na escuridão. Seu coração cheio de mágoa só sabia se comunicar com os corações também entristecidos. Ali, naquela penumbra de dor, ela reinava, maravilhando-se com a sensação de, pela primeira vez, não ser ela digna de pena. Até mesmo na sociedade ela era agora mais bem reputada que a irmã, pois nada em sua conduta indicava uma falha. Marie-Estelle, refém da tristeza e da dor que carregam os corações injustiçados, começou a apresentar sinais de fadiga mental, preocupando seus pais, que se desvelavam em seu leito tentando lhe dar algum alívio.

O cenário naquela casa se modificou drasticamente. As visitas eram raras, e as cortinas das grandes e numerosas janelas viviam fechadas, dando ao ambiente um ar lúgubre e ainda mais triste.

Ametista por outro lado, não poderia estar mais feliz. Sentia que sua irmã sucumbia à doença, deixando-lhe o campo livre. Ela ouvira muitas histórias em que famílias inteiras eram destruídas por um passo errado. Nada poderia ser mais grave naquela época do que desrespeitar as convenções sociais. Imaginava que, com a piora da irmã, esta fosse internada em uma clínica psiquiátrica, ou até mesmo morresse. Em qualquer das hipóteses, seria apenas questão de tempo para que os pais também morressem de desgosto. Ela já sonhava com o dia, em um futuro próximo, em que assumiria a posição de duquesa.

Ametista chegava da rua trazendo consigo todas essas conjecturas, quando encontrou o duque sentado em uma das poltronas da sala. Ele estava trajando um roupão por cima da roupa, a barba por fazer, e suas olheiras denunciavam o sofrimento que vinha passando. Solícita como sempre, ela perguntou:

- Senhor duque, há algo que eu possa fazer?

- Sim, Ametista. Sente-se - o duque tinha um ar grave e segurava uma carta na mão.

Ametista sentou à sua frente. Seus olhos brilhando na escuridão do ambiente.

- Recebi essa carta ontem e passei a noite inteira em claro, pois não conseguia aceitar o conteúdo que ela traz.

- Do que se trata, senhor duque? É mais uma das cartas anônimas ofendendo a moral de Marie-Estelle? Eu já havia pedido que os criados...

- Não. Não é mais uma das cartas infames que essa família vem recebendo e que muito nos entristecem. Trata-se de algo muito pior...

- O que seria, então?

- Essa carta foi enviada pela senhora Olga, antiga criada desta casa. Você deve se lembrar dela.

Ametista sentiu o sangue gelar. Fazia tanto tempo que a senhora Olga partira. O que poderia querer, escrevendo para o duque?

- Você imagina do que se trata essa carta, Ametista?

Ametista ficou em silêncio.

- Responda! - gritou o duque.

A jovem, apesar de nervosa, manteve-se firme e respondeu:

- Certamente calúnias, vindas de uma criada acusada de roubo.

- Roubo! Você ainda tem coragem! - exclamou o duque, batendo com o punho na mesa ao lado da sua cadeira.

Ametista deu um salto, levantando-se em posição de defesa.

- Roubo! Sim - continuou o duque. - Ela foi expulsa desta casa como uma ladra, não foi? Pois bem. Eu vou ler para você.

Ele abriu a carta e, com a mão trêmula e a voz embargada, reproduziu em voz alta o que estava escrito.

"Estimado senhor duque,

"Há muito venho rogando a Deus coragem e força para lhe escrever. Desde o infeliz acontecimento do sumiço dos brincos de *mademoiselle* Ametista, grande tem sido a minha tristeza e também a minha desgraça. O único valor que uma criada pode ter nesse mundo, além da capacidade de servir, é a sua reputação de pessoa confiável. Mesmo morando tão distante, a fama de ladra me acompanha. Só não tenho padecido de necessidades maiores devido à bondade da minha irmã e à caridade da duquesa, que me enviou considerável quantia. Mas o senhor duque deve saber que nem só de comida vive uma alma de Deus. Ela também se alimenta da paz de uma consciência tranquila. E a minha há muito me cobra o reajuste do que me aconteceu.

"Fui vítima, afirmo, de uma grande injustiça dentro das

paredes de sua casa. Mãos impiedosas e calculistas colocaram aqueles brincos nos meus aposentos para me incriminar. Eu já fazia uma ideia da inveja que *mademoiselle* Ametista sentia de sua irmã. Desde quando ela era pequena, quando eu mesma ajudei a senhora duquesa a acolhê-la, sentia que o coração dessa menina era capaz de coisas terríveis.

"Acompanhei discretamente o seu crescimento e também as pequenas artimanhas que ela fazia para conseguir o que queria. Eram, no início, maldades pequenas, mas com o tempo foram se tornando maiores e mais frequentes. Quando fui a primeira vítima mais grave das suas estratégias, achei apenas que ela queria se livrar de mim, pois não simpatizava comigo, assim como não simpatizava com nenhum criado da casa. Apesar da injustiça sofrida, preferi calar-me a acusar abertamente o meu algoz. Hoje sei que errei. Deveria ter respondido a pergunta da duquesa quando me questionou se havia algo mais a dizer no episódio dos brincos. Deveria tê-la alertado sobre o grande mal que crescia e se alastrava dentro do seu lar. Há pouco tempo fiquei sabendo do acontecido com nossa Marie-Estelle, a quem sempre considerei como filha. Ver lançada às cinzas a reputação e o futuro de alguém que tanto amo me deu coragem para escrever esta carta. Hoje tudo faz sentido. Ametista queria primeiro me ver longe para que pudesse agir livremente sobre Marie-Estelle. Tenho plena convicção de que ela arquitetou cada detalhe do cenário atual em que sua estimada família se encontra.

"Um dia, há muito tempo atrás, vi Ametista conversando de modo suspeito com o farmacêutico que vinha periodicamente trazer as encomendas da casa. Na época não levei muito em consideração, mas hoje esse detalhe faz todo sentido. Após saber do ocorrido com nossa amada menina e do estado como dizem que ela foi encontrada nos braços do rapaz, tenho certeza de que foi Ametista que se valeu de alguma substância para deixar a irmã assim. Decidi por conta própria escrever ao farmacêutico e perguntar se Ametista fizera encomenda de substâncias do gênero. Ele me respondeu que uma vez ela lhe pedira um sonífero, alegando que a duquesa sofria de insônia.

"Veja bem, senhor duque, que a partir dessa informação fica fácil desenrolar a trama. Primeiro, ela se livrou de mim, fiel protetora de sua filha. Em seguida, ela manchou a reputação da primogênita da família, levando-a à falência moral. E Deus me perdoe o que vou dizer, mas nossas mentes ingênuas não podem imaginar o que mais poderá vir pela frente. Desconfio que a menina Ametista tem a intenção de destruir sua família, para no futuro receber o título que tanto almeja.

"Peço-lhe encarecidamente que faça justiça, senhor duque. Não por mim, que sou uma pobre velha e pouco espero da vida, mas por nossa amada menina Marie, que não merece um futuro tão desgraçado, que é o futuro reservado às jovens cuja pureza é manchada por especulações e maledicências.

"Rogo para que Deus abençoe o senhor e a senhora duquesa para que possam extirpar o quanto antes o mal que caminha sorrateiramente em vossos corredores.

"Perdoe a impertinência desta simples criada, mas o imperativo da situação exige uma atitude extremada.

"Sua eterna serva,

Olga"

Ametista ouvia tudo sem se abalar. O duque pegou-a pelos ombros levantando-a da cadeira.

- É verdade tudo isso, Ametista?! Você teria coragem?! Mas é claro que é verdade! Você... Você desgraçou sua própria irmã levando sua família à ruína, para quê? Me diga? Com que objetivo? Acha mesmo que um dia será a duquesa de Vincennes?

A jovem permaneceu calada e olhava com frieza para o duque. Após alguns segundos o encarando, ela decidiu falar.

- Por que não? Não sou também sua filha, senhor duque?

- Porque... Porque você é...

- Sou uma filha bastarda. Não é isso?

- Não se trata disso!

- E do que se trata, então? Por acaso agora sou menos nobre que sua filha preferida, que se deitou com um homem aos quinze anos de idade?!

O duque, não suportando o peso dessas palavras, deu-lhe um tapa no rosto. Ela caiu sobre o piano e levantou-se rapidamente, como uma fera pronta para o ataque.

- Você sabe que isso não é verdade! - gritou o duque.

- Eu sei?! Sei mesmo, senhor duque? Talvez. Mas quem

mais sabe da verdade? Eu mesmo acabei de ouvir no centro de Vincennes os absurdos que falam da sua querida filha e da nossa prestimosa família.

- Você é uma cobra! Você sairá desta casa ainda hoje e nunca, nunca mais irá voltar!

- Engana-se, senhor duque. Posso sair agora, pois a idade me impede de agir por conta própria, mas voltarei em breve, e não mais terei de aquiescer às suas ordens.

- Eu expulso você desta família!

- Você não pode fazer isso! Já escrevi às autoridades reclamando oficialmente os meus direitos como filha. Tenho documentos que comprovam isso. E o senhor mesmo me registrou como filha legítima, apesar de dizer para a sociedade que sou adotiva.

- Você não colocará os pés nesta casa enquanto eu for vivo...

- Pois que seja! Voltarei quando estiver morto, então! Olhando para o senhor, vejo que isso não irá demorar muito.

- O que diz?!

Ametista se aproximou do pai. Sua antes frágil figura parecia haver crescido desproporcionalmente, seus grandes olhos mais assustadores do que nunca.

- O remorso que o senhor carrega no coração por ter abandonado minha mãe e ter trazido para dentro de sua casa aquela que destruiu sua família irá consumi-lo mais rápido do que imagina.

- Então você admite que...

- Ora, sim! Admito! Sou uma praga, conforme diz a carta da devotada criada. Sou a praga que vai consumir suas entranhas até a eternidade!

- Não será assim. Você partirá daqui ainda hoje...

- Que seja então! Mande-me embora para algum lugar distante! O que está feito, está feito. Livram-se das traças, mas tudo o que foi corroído fica. E reafirmo, senhor duque, que ainda voltarei a esta casa para pegar tudo o que é meu de direito. Tudo o que o senhor negou a mim e a minha mãe!

O duque começou a sentir-se mal e caiu no meio da sala. Ametista chamou os criados. Quando adentraram na sala, encontraram-na chorando aos pés do pai, repetindo palavras de carinho:

- Acorde, paizinho. Por favor. Não me deixe...

Passadas algumas semanas, o duque se recuperou do incidente e decide enviar Ametista para um internato na Suíça. Envergonhado, porém, das consequências que seu ato vergonhoso do passado fez sua família sofrer, decidiu não revelar a verdade à duquesa. A saúde de Marie-Estelle ainda estava muito frágil e sua relação com a duquesa, devido a todos os acontecimentos, era muito delicada.

Ametista partiu deixando a família livre de sua influência, e eles aos poucos tentaram se reconstruir. Com muito esforço, encontraram ânimo para reerguer a esperança em seus corações.

O duque, apesar do desgosto, encontrou forças para escrever à família de Antonie, rogando que eles reconsiderassem a união dos filhos. Após muitos meses de reuniões familiares, em que os pais do rapaz foram certificados da conduta ilibada de Marie-Estelle, eles decidiram consentir com a reaproximação dos dois.

Antoine voltou para Vincennes e retomou as visitas a Marie-Estelle, provocando significativas melhoras no espírito e na saúde da jovem.

Aos poucos, a família retomou o equilíbrio e a harmonia de antes. A sociedade em que viviam, assim como julgava e condenava, também rapidamente esquecia tudo, dependendo dos interesses em comum. Como a família de Antoine era muito influente, todos decidiram esquecer o episódio. E o que antes havia sido um escândalo, agora era visto apenas como brincadeira de crianças. Afinal, eles iriam se casar em breve.

O casamento dos dois aconteceu nos jardins da casa do duque e da duquesa. E o cenário alegre e feliz novamente fazia parte daquele lar.

Ametista, por ordem do duque, inventou uma indisposição que a impediria de viajar. O duque a mantinha sob controle, apesar da distância. E embora ela vivesse com conforto, fora-lhe proibido o contato mais próximo com sua família. O contato da jovem com a mãe e com a irmã se restringia às cartas, antes supervisionadas pelo duque. As duas nunca desconfiaram de nada.

Alguns anos se passaram e Marie-Estelle e Antoine, que moravam na casa dos duques, tiveram uma filha. Nasceu então Marie-Eunice, motivo de muita luz e alegria para todos daquela casa.

Em virtude de comemorações festivas, o duque, a duquesa e Antoine viajaram para uma cidade vizinha a fim de representar a família em uma solenidade. Marie-Estelle permaneceu em casa para cuidar da filha recém-nascida.

No retorno, Antoine pediu que o cocheiro tomasse o caminho mais rápido, através da floresta de Meudon, que na época ainda era cheia de declives e pequenos precipícios à beira da estrada. O duque advertiu a família dos perigos da estrada, mas tanto Antoine quanto a duquesa estavan muito ansiosos para reverem a pequena Marie-Eunice, e resolveram continuar por aquele atalho.

Dizia a lenda que, além do terreno acidentado, fantasmas assombravam aquela densa floresta. Os poucos que se arriscavam a passar por ali diziam ouvir vozes de espíritos furiosos clamando por justiça. Até hoje não se sabe direito o que realmente acontecia, mas o fato é que essa floresta, com suas árvores altas e de folhagem escura, causava uma impressão angustiante aos que ali passavam. A sensação que se tinha era de que, por trás da mata densa, olhos terríveis observavam os que por ali passavam.

E foi essa a sensação da família ao adentrar a floresta. A duquesa, mais sensível, começou sentir-se mal e, enquanto o duque tentava ampará-la, Antoine foi para o lado de fora da carruagem ajudar o cocheiro, que já não conseguia mais controlar os cavalos, os quais, pressentindo a energia do lugar, ficaram muito assustados. Enquanto parte do grupo de animais que puxava a carruagem tentava parar, outros corriam ainda mais velozmente, entrando na floresta escura em vez de seguir a estrada de terra em que estavam. Não demorou muito tempo para a carruagem se precipitar em um pequeno desfiladeiro. Os gritos eram terríveis (na carruagem, não conseguiam saber se os gritos eram apenas os seus ou se eram também dos espíritos que por ali vagavam). Lamentos e exclamações eram ouvidos. Uma profusão de gemidos, silvos e grunhidos invadiu a mata.

A carruagem finalmente parou de rolar após chocar-se violentamente contra uma árvore. Diversos espectros gigantescos e de aspectos monstruosos saíam por entre as árvores. A maioria, espíritos de homens que ainda guardavam as vestes de uma época distante, gritava palavras desconexas. O mais alto e que parecia ser o líder do bando aproximou-se da carruagem e, olhando para o seu interior, removeu o chapéu em sinal de reverência. Os espíritos calaram-se todos ao mesmo tempo. Fez-se silêncio na mata escura. Todos da carruagem estavam mortos.

"Estou de volta"

GRANDE FOI A comoção em Vincennes com a morte do casal de duques e de Antoine. Foi muito sentida principalmente a morte da duquesa Desirée, querida por todos. E a casa, antes alegre, cobriu-se de luto.

Marie-Estelle estava em seu quarto e vestia a pequena Marie-Eunice, embalando-a no traje negro que todos deveriam usar para o funeral. Ela falava baixinho para a filha:

- Ah, minha pequena... Tão criança e já obrigada a vestir um traje tão sombrio. Você vai sentir falta deles, não vai? Eu também vou - a jovem viúva olhou à sua volta, suspirou e disse para a filha: - Agora seremos apenas eu e você nesta casa imensa.

- Ora, e por acaso eu não conto?! - disse uma voz familiar que entrava no quarto.

Marie-Estelle virou-se e mal pôde acreditar.

- Ametista! Você?! Você veio! Oh minha irmã!

Ametista abriu os braços com o seu usual maneirismo teatral e respondeu:

- Eu mesma, irmãzinha querida. Não mereço um abraço?

Marie-Estelle lançou-se aos braços da irmã. Era reconfortante para ela alguém da família.

- Ah, Ametista, que saudades! Quanto tempo ficou longe de nós! Mas deixe-me ver você... Você está tão diferente.

E realmente estava. Os longos anos no internato na Suíça a haviam transformado em uma moça sofisticada e muito atraente. Seus longos cabelos negros agora eram usados presos em um grande coque que ressaltava ainda mais a ossatura marcante do seu rosto. Seus olhos se tornaram ainda mais exóticos e expressivos. Ametista era a própria expressão da mulher forte e imponente.

- O tempo nos muda a todos, não é verdade? - respondeu Ametista. - Mas que tragédia foi acontecer! Não entendo por que eles tomaram o caminho que passa justamente por dentro daquela floresta tenebrosa...

- Acho que eles queriam chegar rápido. Eles se sentiam culpados por me deixar sozinha com a pequena.

- Nossos pais sempre foram tão cuidadosos com você, não é, Marie? Extremamente cuidadosos, eu diria.

- Sim. Mas agora eles se foram, e também Antoine. Sabia que iríamos fazer três anos de casados esse mês? Ficamos tão pouco tempo juntos! Eu o amava tanto, minha irmã! Agora estou sozinha para criar uma filha...

Ametista abraçou sua irmã, que chorava desconsolada.

- Eh... Não chore, Marie. Olhe para mim - disse enquanto levantava o rosto da irmã. - Você agora precisa ser forte e enfrentar o funeral. Estão todos esperando lá embaixo. De agora em diante estarei sempre ao seu lado. Eu, você e Marie-Eunice agora seremos uma família. É tudo o que nos resta neste mundo. Temos apenas umas às outras - disse Ametista, utilizando o seu olhar mais doce.

Marie-Estelle, acreditando na sinceridade das palavras da irmã, encontrou em sua presença o conforto de que precisava. Pegou a filha no colo e dirigiu-se para o piso inferior da casa, onde muitos aguardavam os representantes da família. Ela começou a descer as escadas. Todos a olhavam com enorme piedade. Ela era a própria figura do desamparo. Jovem e de saúde delicada, carregava uma filha recém-nascida e, apesar da pouca idade, a vida já lhe surpreendia com a orfandade e a viuvez. A futura duquesa de Vincennes mais parecia uma peça de cristal prestes a se espedaçar. Estavam todos tão absortos nesse momento de consternação, que se surpreenderam ao ver a imponente figura vestida de negro que vinha à retaguarda de Marie-Estelle. Ametista mais parecia um grande corvo esparramando suas asas negras sobre aquelas duas frágeis criaturas, seus olhos encarando firmemente cada pessoa da sala. Suas sobrancelhas estavam arqueadas, em tom desafiador. Suas pupilas flamejavam a intensa cor daqueles olhos assustadores. Apesar do ato solene, ela dizia silenciosamente a todos, principalmente aos criados: "Estou de volta".

O funeral ocorreu com tranquilidade. Foram muitas as manifestações de sentimento e de gratidão à duquesa, que por tantos anos havia ajudado aos necessitados da região. Comerciantes e pequenos camponeses colocaram suas melhores roupas e fizeram fila para abraçar Marie-Estelle.

Ametista colou-se ao lado da irmã, cercando-a de atenção e cuidados. Horas depois, Marie-Estelle queixou-se de dor de cabeça, avisou a irmã que subiria para descansar e voltaria quando o velório já estivesse fechado apenas para a família.

- Ametista, cuide para que todos que queiram dar o último adeus ao duque e à duquesa sejam bem recebidos, está bem?

- Sim, Marie. Vá descansar. A pequena Eunice ainda é muito frágil para se expor tanto. Eu a chamarei quando todos estiverem ido.

Os visitantes que estavam na sala foram aos poucos indo embora. Ametista se viu sozinha, olhando para os três caixões à sua frente. Olhou primeiro para Antoine. Ele não havia mudado nada. Era ainda tão jovem quanto nos tempos da escola. Depois olhou para a duquesa. Seu semblante tinha a mesma serenidade de sempre. Aquela mulher intrigava Ametista. Lembrou-se das longas noites que ela e Marie-Estelle passavam em claro tecendo casaquinhos de lã para que os órfãos da região pudessem enfrentar o inverno que se aproximava. Aquelas atitudes constrangiam Ametista, que não conseguia entender a motivação de tanta generosidade.

Ela deu alguns passos, chegando ao caixão do seu pai. Fixou-o por longos minutos e disse:

- Então, senhor duque, estou de volta, como prometido. Não se preocupe. Tomarei conta da sua propriedade e também de sua filha e neta com a maior dedicação. Afinal, para que serve a família, não é mesmo, meu pai?

Passos ressoaram no assoalho antigo do salão, tirando Ametista dos seus pensamentos. Era o mordomo Rycsard, que se aproximava.

- *Mademoiselle*, temos lá fora uma pequena multidão de pessoas querendo dar o último adeus aos duques.

- Achei que todas as famílias de nosso círculo já haviam passado - respondeu a jovem.

- Não se trata de famílias nobres, *mademoiselle*, e sim de pessoas que foram ajudadas pelas obras da duquesa.

- Mais camponeses?

- Não.

- Quem são, então?

- Bom... Não sei como lhe dizer... São na verdade moradores de rua, *mademoiselle*. Mendigos, crianças, doentes. Ao que me parece, a duquesa tinha o estranho hábito de doar secretamente pão e sopa a esses desgraçados.

- E o que eles querem aqui?

- Querem dar o último adeus a sua benfeitora. E também pedem o alimento que estavam acostumados a receber.

- Querem comer mesmo no dia do enterro dos duques?

- Ao que me parece, conforme me informou uma senhora que organiza a fila e com a qual a duquesa tinha contato mais estreito, hoje, terça-feira, era o dia em que eles recebiam comida. Trata-se de uma terrível coincidência.

- Isso é um absurdo.

- Essa senhora me apresentou uma carta escrita de próprio punho pela duquesa, onde ela autoriza os nossos criados a servirem pão e sopa a esses infelizes, mesmo após a sua morte.

- E onde está essa carta?

- Aqui está, *mademoiselle* - respondeu o mordomo, estendendo a carta a Ametista.

- Eu fico com ela. Agora pode ir.

- E quanto aos desvalidos, *mademoiselle*? Eles são em grande número, e fazem balbúrdia...

- Onde eles estão?

- Nos portões do fundo da casa. São os portões que os criados usam para entrar e sair da propriedade. Acredito que a duquesa assim tenha organizado, pois é o mais próximo da cozinha.

Ametista ficou em silêncio. Imaginou a pequena multidão com seus olhos arregalados e suas mãos calejadas. Deveriam ter o mesmo cheiro insuportável que tinha a casa em que ela morava quando era pequena.

- *Mademoiselle*...

- Sim? - respondeu Ametista, saindo do transe em que se encontrava.

- O que faço com os famintos?

- Tranque os portões.

- O que disse, *mademoiselle*?

- Tranque os portões - repetiu a jovem friamente.

- Compreendo. Mas saiba que eles são muitos e dificilmente sairão pacificamente. O que faço se eles começarem a gritar pedindo o pão que lhes fora prometido?

- Atire pedras neles.

- Perdão, *mademoiselle*?

- Se eles pedirem pão, dê-lhes pedras. Solte os cachorros. Chame a guarda. Faça qualquer coisa, mas não deixe que essa gente se aproxime novamente dos muros da nossa propriedade, entendeu, Rycsard?

- Certamente, *mademoiselle*. Providenciarei para que partam imediatamente - disse o mordomo dirigindo-se para a saída da ampla sala em que se encontravam. Antes que sua figura sinistra pudesse sumir no corredor, Ametista lhe disse:

- Ah, Rycsard?

- Sim, *mademoiselle*?

- A partir de hoje esse e também outros assuntos referentes à administração da propriedade ficarão sob minha responsabilidade. Portanto, dirija-se sempre a mim e a ninguém mais. Estamos entendidos?

- Certamente, certamente - respondeu o mordomo, dirigindo-se rapidamente para a cozinha a fim de tomar as providências ordenadas por Ametista. Rycsard não escondia a mórbida satisfação que sentia ao ser o responsável por realizar tal tarefa. Já no episódio do suposto roubo dos brincos, em que a senhora Olga fora incriminada, era visível o prazer que ele sentia ao realizar cruelmente o exercício do pequeno poder que sua posição lhe permitia.

A partir daquele dia, ele confidenciava a Ametista tudo o que ocorria na propriedade, valendo-se sempre das ordens terríveis da jovem para executá-las com mais crueldade ainda. Em volta dele havia sempre dois espectros sombrios, que antes agiam com pouco alcance, devido à energia de bondade e tolerância que a duquesa impunha àquela casa. Porém, agora, com a presença de Ametista cada vez mais forte, esses e outros espectros tomavam força e, apesar do exterior parecer igual, os bastidores da casa eram permeados de medo e terror.

Marie-Estelle, apesar de ter o mesmo espírito bondoso da mãe, não tinha a mesma praticidade em administrar a propriedade e as convenções que o título da família lhe exigia. Sempre se ocupando da sua filha, que era o único tesouro familiar que lhe restara, ela delegou à irmã não só as rédeas da propriedade, mas também os deveres de representar a família em festas e solenidades.

Em curto espaço de tempo, Ametista tornou-se figura respeitada e influente nos altos círculos sociais de Vincennes. Muitos, devido à ausência de Marie-Estelle, a chamavam abertamente de duquesa, algo que fazia a jovem vibrar de satisfação.

As obras sociais desenvolvidas anteriormente pela duquesa Desirée foram rapidamente esquecidas. Ametista, com seu jeito envolvente e centralizador, ia deixando Marie-Estelle cada vez mais alheia ao que ocorria à sua volta.

O tempo passou, e Marie-Eunice completou 14 anos. Ametista, receosa de que a menina se interessasse um dia em reclamar o título de duquesa, título do qual ela havia se apoderado informalmente, começou a arquitetar a ida da menina para um convento, aproveitando-se da vocação que ela apresentava desde pequena. Não foi difícil para ela convencer sua meia-irmã de que era necessário respeitar a vontade da menina. Uma noviça na família encheria a duquesa Desirée de orgulho. Ela, que sempre dedicara sua vida aos necessitados, certamente choraria lágrimas de felicidade onde quer que estivesse ao ver sua neta em tão nobre missão...

E assim Marie-Eunice partiu para um convento em Bruxelas (propositalmente bem distante de Vincennes), deixando sua mãe na companhia apenas de tia Ametista. Marie-Estelle sempre tivera a saúde frágil e, desde o episódio ocorrido na festa dos seus 15 anos, ela desenvolveu delicada condição nervosa e emocional. Tinha uma índole pacífica e se assustava com facilidade. Perder os pais e o marido tão cedo a deixaram abalada emocionalmente.

Com o tempo foi se habituando cada vez mais aos cuidados de Ametista, tornando-se dependente da irmã. Era ela quem lhe dizia que roupa vestir, que festa ou evento frequentar, e o momento de se alimentar...

Apesar de ainda jovem, Marie-Estelle se deixara abater pelas adversidades que enfrentara, entregando-se a uma rotina reclusa e melancólica que era reforçada pelos cuidados e advertências exagerados da irmã, que não media esforços para aumentar sua fraqueza emocional.

Todas as tardes, as duas se reuniam na biblioteca da casa, a mesma onde Ametista a colocara em delicada situação na ocasião da festa de seus quinze anos.

A irmã era tão dependente que até mesmo o seu chá lhe era servido pelas mãos de Ametista, que sabia exatamente qual erva seria melhor para ela. Se estava frio, Ametista lhe servia um chá de hibiscos. Se estava calor, servia-lhe um chá de verbena. E enquanto a irmã tomava inocentemente o que lhe era servido, Ametista olhava para ela lembrando-se da taça de ponche que ela tomara anos atrás. Parecia que sua meia-irmã, que ela invejara por tantos anos, havia nascido para seguir suas ordens. "Que ironia do destino!", ela pensou. "Eu que me achava pequena e desengonçada, sou agora a chefe da família."

Mas ela ainda não estava satisfeita. Lembrou-se de uma conversa que tivera com o mordomo Rycsard enquanto ele a ajudava a preparar-se para um baile de gala no palácio real. Ao colocar a tiara de diamantes em seu penteado cuidadosamente preparado, o mordomo lhe disse:

- Está digna de uma duquesa. Possui o porte dos nobres, *mademoiselle*.

Ametista olhou-se no espelho, admirando sua esplêndida figura.

- Mas não sou a duquesa.

- Por mera formalidade, *mademoiselle*, pois é você quem representa a família agora.

- Mas serei sempre a substituta.

- Por pouco tempo talvez.

- Por que diz isso? - os olhos de Ametista cintilavam.

- Bem, a saúde de madame Estelle é muito frágil. Pressinto que a qualquer momento ela poderá nos deixar.

- Pressente?

- Sim. No estado em que está, não será uma surpresa se madame Estelle morrer de tristeza em alguns anos.

- Alguns anos?

- Sim.

- Quantos anos? - perguntou Ametista com olhar cúmplice.

- Isso depende.

- Do quê?

- Da alimentação da madame. Digamos que existem algumas ervas que podem acelerar o processo.

- Envenenamento?

- Ah, não, *mademoiselle*! Quer dizer... Algumas ervas possuem certas propriedades tóxicas e podem muito bem funcionar como um veneno natural. Alguém que ingere em quantidades diárias pode aos poucos ir perdendo sua força e vitalidade, o que permite que outras doenças avancem.

- E você conhece tais ervas...

- Sim, *mademoiselle*.

Ametista olhou-se novamente no espelho. Realmente tinha porte de uma duquesa, pensou. Afinal, talvez tivesse nascido para isso. O destino lhe acenava cada vez mais com essa possibilidade.

- Rycsard?

- Sim?

- Que essas ervas fiquem à minha disposição então.

- Como quiser, *mademoiselle*.

- Saberei ser grata aos seus serviços.

- Nasci para servi-la, *mademoiselle*.

***

- Ametista, você está me ouvindo? - era Marie-Estelle, que havia acabado de tomar o seu chá e chamava pela irmã.

- Ah, perdão minha querida. O que dizia?

- Que vou para os meus aposentos me deitar.

- Dores de cabeça novamente?

- Sim. E náuseas também. Ultimamente tenho me sentido cada vez mais fraca. Acha que devemos chamar o médico da família?

- Não é necessário, meu bem. O médico que lhe indiquei não esteve aqui há duas semanas e disse que está tudo bem com você?

- Sim, mas gostava do médico que nos atendia antes. Sabe, ele fez o meu parto e também o da mamãe. Fiquei triste quando soube que ele foi enviado para outra cidade.

- Eu também. São tempos difíceis lá fora. Muita coisa mudou. Nada mais é tão tranquilo como era em nossa infância - disse Ametista enquanto amparava a irmã pelo braço até o seu quarto.

Ela vinha fazendo isso todas as noites nos últimos meses. Sempre observando o estado de Estelle para saber se a dosagem do chá estava fazendo efeito. Quando ela sentia a irmã muito fraca, diminuía a dose para que ninguém desconfiasse. E quando ela começava a retomar a força e o ânimo, aumentava a dose. Nesse terrível jogo, Ametista controlava a vida da irmã como quem controla uma frágil marionete por cordões invisíveis.

Não demorou muito até que a jovem Marie-Estelle cedesse às forças malignas que se abatiam sobre ela. Seu coração frágil e melancólico sucumbiu à morte, e ela desencarnou dois anos depois.

Ametista cuidara meticulosamente do funeral. Marie-Eunice, que àquele momento já havia sido iniciada nos trabalhos das irmãs carmelitas, tinha chegado um dia antes do enterro. No final das solenidades, Marie-Eunice encontrava-se sozinha no cemitério olhando com tristeza para as lápides onde estavam seus avós, seu pai e agora sua mãe. Ametista a observava de longe.

- Ela tem o mesmo porte nobre do resto da família - disse o mordomo, que agora sempre acompanhava Ametista para todos os lados.

- Felizmente, como freira não irá querer se ocupar das obrigações que o ducado exige.

- Isso é bem verdade. Porém...

- Porém, Rycsard?

- São bobagens, *mademoiselle*.

- Prossiga, Rycsard. Sabe muito bem que além de mordomo e braço direito desta casa, considero-o também o meu conselheiro.

- Conselheiro? Ah! Sim, *mademoiselle*. Pois bem. Como conselheiro devo lhe advertir que a menina Eunice, apesar de devotada ao Cristo, constitui uma ameaça ao seu título.

- Eu sei. Ela é a herdeira principal. O título de duquesa pertencia à minha mãe adotiva, sua avó. Portanto, deve ser passado para ela, visto que sou apenas filha do duque e, além disso, a segunda irmã.

- Exatamente, *mademoseille*. Enquanto a menina continuar apta a receber o título, a senhorita ficará com a posição de duquesa-representante.

- E isso não é o suficiente, não é, Rycsard? - perguntou Ametista, com o mesmo brilho assustador nos olhos.

- Não para uma mulher como *mademoiselle*. Sei que sonha com o título oficial de duquesa, para que com ele consiga transitar mais facilmente nos salões parisienses.

- Paris! - os olhos dela brilharam mais intensamente.

- Sim, Paris, *mademoiselle*. Conheço seu desejo de construir, como legado, e presente para Paris, uma estrada de pedra que unirá Vincennes à capital.

- Ah, sim! Seria chamada de *Estrada Imperial*. Por ela todos os nobres poderiam transitar entre Vincennes e Paris. Você sabe que é devido às nossas terríveis estradas que nossa cidade está lançada às moscas, esquecida do resto do mundo.

- Sei muito bem. O projeto da estrada é realmente uma magnífica ideia. Mas já imaginou qual será a opinião da menina Eunice?

- A mesma de sua mãe, e também de sua avó. Essa família sempre achou que, em vez de palácios, os nobres deveriam cuidar dos camponeses e dos necessitados. Mas eu lhe pergunto: o que fazem de útil os necessitados, Rycsard? São um bando de desocupados e bêbados!

- Não são outra coisa que isso, *mademoiselle*. Bêbados e desocupados poluindo as ruas da nossa bela Vincennes. Mas vejo que não há maneira de fazer a menina concordar com o seu projeto.

- Não creio. Tenho total liberdade para as decisões de pequena monta, mas tudo o que diz respeito ao patrimônio ou decisões que afetem o título devem ser levados a minha sobrinha.

- Então *mademoiselle* não passa de mais uma funcionária desta casa. Uma criada, com obrigações nobres, porém sempre uma criada.

- O que disse, mordomo?! - exclamou Ametista.

- Perdão, *mademoiselle*. Perdão. Não quis ofendê-la. O meu objetivo é sempre o de ajudá-la.

- Nunca mais repita isso. Ouviu bem? Mas você tem razão. De uma forma ou de outra essa maldita família acaba sempre me colocando em uma posição inferior. Parece que jamais serei digna o bastante para ela. E todos desta cidade parecem compartilhar da mesma opinião. Você acha que não percebo os olhares de desprezo que lançam sobre mim, Rycsard? Embora respeitem o poder de que usufruo, eles ainda se atrevem a me lançar o mesmo olhar de piedade que me lançavam quando eu era uma criança. Para eles, serei sempre a menina órfã que teve a sorte de ser adotada pela duquesa.

- O título certamente lhe fará digna de grande respeito, *mademoiselle* Ametista.

- E o que me sugere, Rycsard? Não posso entupir a menina de chá venenoso como fiz com sua mãe. Ela está bem protegida dentro dos muros do convento, em Bruxelas.

- Dentro dos muros, sim, mas fora deles...

- O que quer dizer?

- Veja bem, *mademoiselle*... Sabemos que a menina Eunice comunga dos mesmos ideais nobres de sua avó, não é mesmo?

- Sim. Continue.

- Pois muito bem. Poderíamos convencer a menina a partir como missionária em ajuda aos necessitados, por exemplo, na África...

- E depois? - perguntou Ametista, virando-se para o mordomo.

- Bom, ouvi dizer que coisas terríveis acontecem nesses lugares. Principalmente a jovens freiras europeias frágeis e desavisadas dos perigos da barbárie que as cercam.

- Um acidente, então? Estou começando a gostar disso, meu caro mordomo. Um acidente fatal e a última herdeira da duquesa de Vincennes deixaria de existir, deixando o título livre para sua tia...

- Exatamente, *mademoiselle*.

- E como podemos nos certificar de que esse "acidente" aconteça?

- Possuo alguns contatos, *mademoiselle*. Precisaremos gastar algumas moedas, mas acredito que o investimento será vantajoso.

- Certamente, meu caro. Certamente! Então providencie tudo enquanto eu convenço minha desconsolada sobrinha a abraçar a missão tão sonhada pela sua avó.

- Começarei a organizar tudo agora mesmo, *mademoiselle* - respondeu o mordomo.

- Rycsard...

- Sim?

- Certamente não preciso lhe dizer para ser discreto. Qualquer suspeita que surgir não pode jamais respingar sobre o nome da família.

- Tudo acontecerá da forma mais natural possível. Acidentes acontecem a todo o momento em lugares como aquele.

- Se tudo sair a contento, você será promovido à posição de secretário do ducado.

- Nada me deixaria mais honrado, *mademoiselle* Ametista e futura duquesa de Vincennes...

Ametista despediu-se do mordomo e foi de encontro à sua sobrinha. A menina sentia um arrepio sempre que a tia se aproximava. Era assim desde quando era pequena. Era uma sensação estranha, que a constrangia, pois sua tia sempre a tratara com todo o carinho.

- Despedindo-se, meu bem? - perguntou-lhe a tia.

- Ah, tia... Quanta tristeza se abateu sobre esta família. Primeiro meu pai e meus avós, que eu mal tive a chance de conhecer, e agora minha mãe. Ela era a única pessoa que eu tinha nesse mundo. Quer dizer, além da senhora, minha tia.

- Eu compreendo. Estelle, assim como seu pai e seus avós, deixaram um buraco enorme nesta casa - disse Ametista.

- Posso imaginar como deve ser difícil para a senhora viver aqui sozinha neste lugar imenso. Eu ainda tenho a companhia das outras irmãs do convento, mas a senhora agora não tem mais ninguém. Diga-me, tia. O que pretende fazer agora?

- Ah, menina Eunice. Você sabe que dediquei minha vida a manter o nome e o título desta família intactos. Há anos venho me desdobrando com as obrigações do ducado, mas agora nada disso parece fazer mais sentido...

- Posso imaginar seu descontentamento minha tia. Eu mesma, assim como a minha mãe, nunca tive vocação para manter o título que nos foi imposto pelo sobrenome. As causas humanitárias sempre nos interessaram mais. Minha avó Desirée, sim, foi uma grande mulher. Ouvi dizer que ela sabia administrar magistralmente as obrigações de duquesa e suas obras de caridade.

- A grande duquesa Desirée! Mamãe foi realmente uma mulher incrível. Ela me ensinou tanta coisa. Há pouco tempo descobri que ela tinha um grande projeto de ajuda aos necessitados da África.

- Verdade, minha tia? - os olhos da menina brilharam.

- Sim. O sonho dela era partir com as freiras missionárias, levando daqui recursos e dinheiro. Ela queria levar um pouco de alívio àquele lugar, mas, infelizmente, seu sonho nunca se concretizou.

- Que pena. Seria algo maravilhoso. Ouvi dizer que as privações lá são imensas.

- Sim, e é por isso, minha sobrinha, que venho lhe pedir ajuda.

- A mim, minha tia?

- Sim. Após a morte da sua mãe, decidi também me

dedicar a uma causa nobre. Pretendo dar o passo que sua avó, minha mãe, não conseguiu dar.

- A senhora irá para África?

- Com a sua ajuda, é claro.

- Certamente, tia! O que preciso fazer?

- Tenho ainda muitas providências a tomar antes da partida. Eleger alguém para cuidar da propriedade enquanto estiver fora, e todas essas questões práticas. Pensei em lhe propor isto: você partiria antes, e lá, com as freiras missionárias, prepararia minha chegada.

- A senhora irá mesmo fazer isso?

- Sim. Venderei boa parte do que temos, se assim você permitir, para levar o máximo possível de recursos e ajuda. O que me diz?

- É maravilhoso! E se é o sonho de minha avó, farei tudo para que ele se torne realidade.

- Ah, minha sobrinha, isso me deixa tão feliz!

Ametista abraçou a jovem, que chorava de emoção. Em seu coração ingênuo, acreditava que Deus estava lhe mostrando um novo caminho. Apesar da morte de sua mãe, a missão com que sempre sonhara se lhe apresentava, e ela atribuiu isso à providência divina, e também ao coração bondoso da sua tia.

Três meses depois, a jovem freira Marie-Eunice partia para a Argélia, onde um grupo de missionárias a esperava. Ametista se comunicava com ela sempre através de cartas, informando à jovem que eram muitas as pendências a serem acertadas, mas que logo iria ao seu encontro.

Um ano depois, em uma fria tarde de outono, Ametista estava tomando chá de frente para a larga janela que dava para o majestoso jardim da propriedade. No alto da colina ela podia ver a capela e o cemitério onde a família estava enterrada. Ela estava absorta em seus pensamentos, seus olhos perscrutando cada rincão que conseguia alcançar da gigantesca propriedade. Sabia que os vinhedos, os pequenos vilarejos e a maioria das colinas que seus olhos viam pertenciam ao ducado de Vincennes. Era seu momento preferido do dia, quando se sentava e ficava contabilizando mentalmente o tamanho da riqueza que tinha nas mãos.

Rycsard a interrompeu:

- *Mademoiselle*, trago notícias da África.

Ametista interrompeu-o erguendo uma das mãos em gesto delicado.

- Não diga nada, Rycsard. Deixe-me adivinhar: Minha adorável e bondosa sobrinha padeceu em um acidente em algum lugar terrível e desconhecido?

O mordomo parecia divertir-se com o momento.

- Exatamente, *mademoiselle*. O convento acabou de enviar um comunicado informando que a menina Marie-Eunice faleceu devido a um incêndio em um orfanato onde servia.

- Um incêndio? Em um orfanato? Que coisa terrível, Rycsard.

- Realmente terrível, *mademoiselle*.

- Diga-me, meu caro secretário, esses incêndios acontecem com frequência naquele lugar?

- Sim, *mademoiselle*. As condições ali são as piores possíveis. A carta da madre superiora aconselha que, apesar da fatalidade, a família encontre resignação em seus corações, pois a menina morreu doando sua vida aos trabalhos do Cristo.

- Morreu doando a vida aos trabalhos do Cristo? Que tocante Rycsard!

- Realmente tocante, *mademoiselle*, ou devo dizer *futura duquesa*?

- Obrigada, meu caro. Mas, antes da minha posse, eu tenho que me ocupar de mais um funeral nesta casa. Não será um problema, não é? Afinal, temos experiência nesse assunto.

- Certamente, *mademoiselle*. Mas o convento, devido à posição da menina, orienta que seja realizada apenas uma missa em seu nome, e que o funeral seja feito apenas com membros da família.

- Bom, como seus avós paternos também se foram, creio que esse funeral terá apenas a minha presença.

- É verdade, *mademoiselle*. Providenciarei os preparativos para o funeral de nossa estimada menina Eunice - disse o mordomo, retirando-se e deixando Ametista fitando o horizonte com um ar sombrio de contentamento.

O funeral foi realizado dias depois, tendo apenas Ametista e o mordomo, agora secretário oficial do ducado, como testemunhas.

No ano seguinte, respeitadas todas as convenções, o dia tão esperado por Ametista chegou.

A propriedade estava cheia de nobres e representantes da alta sociedade burguesa. Condes e duques das regiões vizinhas vieram para conhecer aquela que iria tomar posse do ducado.

O secretário Rycsard abriu as portas do majestoso salão da casa e anunciou:

- Senhoras e senhores: apresento-lhes Ametista, a duquesa de Vincennes!

Ametista entrou triunfante. Seu rosto jovem ressaltava uma beleza marcante e sombria. Seus grandes olhos azuis estavam ainda mais luminosos e expressivos com a tiara e as joias que usava. Todos a aplaudiram, dando-lhe as boas-vindas e desejando um grande ducado. Enquanto recebia os olhares de admiração e inveja, a nova duquesa olhou pela janela para o lado de fora da casa. Dali, ela podia ver a pequena capela e o cemitério onde estava enterrada toda a família. Ela chegara ali como uma menina assustada e, agora, todos que lhe causavam medo estavam inertes sob a terra. "Enterrei cada um deles. Eu sobrevivi a todos eles. O senhor duque, meu estimado pai, teria orgulho de mim hoje", pensava a mais nova duquesa de Vincennes. Ametista deixou os pensamentos de lado, levantou uma taça que lhe fora servida e bradou:

- Um brinde ao novo ducado! Que ele seja belo e glorioso!

Todos aplaudiram e repetiram em voz alta:

- Um brinde a Ametista, a duquesa de Vincennes!

E Ametista sorria cheia de prazer e contentamento.

As pedras do caminho

O DUCADO DE Ametista demonstrou ser o mais extravagante e também o mais escandaloso que aquela região testemunhara. As festas e jantares eram muitos e intermináveis. A nova duquesa de Vincennes era insaciável. Buscava poder e reconhecimento a qualquer custo. Suas ideias e atitudes pouco nobres logo encontraram apoio em rodas sociais perniciosas. Pessoas que antes riam às suas costas agora a bajulavam e lhe faziam homenagens, por exemplo, promovendo todo tipo de baile. Ametista gozava de tudo aquilo, saboreando cada momento. Mas sabia bem o que ia no coração de cada uma daquelas pessoas.

- Bando de corvos bajuladores! - ela dizia ao antigo mordomo ao chegar em casa de mais uma festa.

- E por que continua a vê-los, duquesa?

- Porque eles são úteis, Rycsard. Somente por isso. Pelo menos por enquanto.

- E depois?

- E depois... Depois que eles me apoiarem na construção da estrada que ligará Vincennes a Paris, o céu será o limite! Estarei muito ocupada com a verdadeira nobreza, a de Paris, para perder tempo com esses provincianos.

- Como sempre muito perspicaz, duquesa.

- Estratégia é tudo na vida, caro Rycsard. Um passo atrás do outro. Nesse caso, uma pedra após a outra. E a magistral estrada real estará pronta, e meu nome será exaltado por todos.

- Certamente, duquesa Ametista. Mas já se deu conta de que é longa a distância de Vincennes a Paris? Nem mesmo se juntarmos todos os criados das propriedades dos que a apoiam teríamos homens suficientes. E sabemos que, sozinhos, os homens do governo não poderiam se ocupar de tamanha empreitada, visto que eles mal conseguem deixar as estradas de terra em condições dignas de uso.

- Já pensei nisso, meu secretário. Tive uma excelente ideia ao voltar para casa hoje.

- Compartilhe-a, duquesa.

- O cocheiro teve que fazer um desvio e acabamos tendo de passar por aquele terrível bairro chamado de Mata-cavalos.

- Um lugar deplorável, duquesa.

- Sim. Cheio de mendigos, doentes e desocupados. Lugar onde minha mãe adotiva e minha meia-irmã costumavam passar algumas tardes.

- Bem me recordo do quanto era desagradável o cheiro que elas traziam nas roupas quando voltavam de lá.

- Então, passando por ali vi que, como atual duquesa, devo também fazer algo por aqueles infelizes.

- Ah, sim? E o que seria?

- Não se preocupe. Não tenho a intenção de perder as minhas tardes tecendo casaquinhos de lã ou servindo sopa àqueles desgraçados. Como já deve saber, Rycsard, sempre fui a mais visionária dessa família.

- Estou curioso, duquesa...

- Quero dar àquele povo o que eles realmente buscam.

- Comida?

- Não. Reconhecimento. Não é isso o que todos buscam? Ser reconhecido, amado, aplaudido? Pois eu lhes darei o grande privilégio de contribuírem na construção da gloriosa estrada real!

- Não sei, duquesa. Aquela gente é muito preguiçosa...

- Não subestime a ambição humana, Rycsard. Principalmente a dos que já não têm mais nada, dos que já perderam tudo. Esses são capazes de qualquer coisa. Pegue um representante do bando que seja mais esperto e esse será capaz de fazer dezenas de outros trabalharem. É assim que iremos fazer. Elegeremos alguns deles como encarregados em cada trecho da obra, oferecendo a eles uma quantia considerável de dinheiro, talvez até mesmo uma ou outra pequena propriedade. Pode ter certeza de que eles farão com que seus companheiros trabalhem até o limite de suas forças. E para agradar à população em geral, oferecemos pão, alojamento e um pouco de entretenimento. Asseguro-lhe que comida, bebida e diversão barata serão o suficiente para que esses infelizes encontrem um ideal por que viver.

- Ótimo plano, duquesa.

- "Ótimo" não, secretário: excelente! Providencie uma comitiva até aquele povoado. Mande alguém dos nossos que tenha, digamos, um ar simplório e benevolente. Que façam a mesma cara de bondade que fazia a antiga duquesa e sua filha quando ia visitá-los. Lembre-se de que essa gente tem o péssimo hábito de precisar sentir-se amada. Portanto, mande alguém que consiga afagar seus pobres corações e, claro, que também consiga convencê-los a nos servir.

- Mas, e o meirinho da região? O que irá dizer de tudo isso, duquesa? No final das contas, é ele que se ocupará oficialmente da empreitada...

- Refere-se ao senhor Baptiste?

- Ele mesmo. Não é ele o representante oficial do governo em Vincennes?

- Ora, Rycsard, e você acha que não pensei nisso? Acabei de voltar exatamente da casa do senhor Baptiste. Mais precisamente dos seus aposentos. Devo informar que ele não será um problema. Pelo contrário, esta noite, entre vinhos e suspiros, ele me prometeu total apoio à minha "nobre obra de contribuição à nossa região".

- Brilhante estratégia, duquesa.

- Um passo atrás do outro, Rycsard. Não se esqueça. Agora, vá preparar o meu banho. Preciso tirar esse cheiro de política de cima de mim.

E o plano da nova duquesa de Vincennes teve início. Os

desvalidos da região logo se interessaram pelas promessas de trabalho digno, comida e moradia. A obra iniciou-se rapidamente, ganhando força. Em vários trechos da grande floresta que separava Vincennes da capital, viam-se os alojamentos dos trabalhadores, que trabalhavam de doze a quatorze horas por dia. À noite, eram entretidos por musica, bebida e algumas moças de reputação duvidosa que misteriosamente apareciam no local quando os trabalhadores estavam menos animados. Em um ano, a obra tomara grande dimensão, chegando quase à metade do seu percurso final. A duquesa Ametista vistoriava de perto cada passo de seu ambicioso projeto, não deixando que nenhum detalhe escapasse ao seu olhar. Recompensava aqueles que eram úteis e punia severamente aqueles que no decorrer do caminho haviam se dado conta de que estavam sendo explorados. Não era raro ouvir histórias de trabalhadores insatisfeitos que foram roubados e assassinados ao tentarem voltar para suas casas.

No meio do mato, e relativamente longe da província, os alojamentos e campo de trabalho eram terra de ninguém. Ou melhor, eram a terra da duquesa Ametista, que reinava absoluta. Longe dos olhos de todos e com o apoio do meirinho, ela dava vazão aos seus instintos, valendo-se de seus caprichos e dos braços de seus homens para fazer lei.

Em uma dessas ocasiões, ela foi chamada às pressas para resolver uma iminente rebelião em um dos alojamentos. Era o alojamento que ficava mais distante de Vincennes. Aqueles homens estavam no meio do mato havia mais de um ano. Muitos tinham morrido de doenças, enquanto outros se revoltavam com as péssimas condições de trabalho e o número desumano de horas que eram obrigados a trabalhar. Além de abrir a estrada no meio da mata, eles tinham que quebrar as gigantescas pedras que serviriam de paralelepípedos na pavimentação.

Quando Ametista chegou ao alojamento em sua confortável carruagem, os ânimos estavam em rebuliço. Um homem gritava no meio de um círculo, chamando a atenção de todos.

- Víbora! Isso é o que é a duquesa! Uma víbora que nos bebe o sangue diariamente! Enquanto trabalhamos de sol a sol, ela se refastela nas festas e jantares dos castelos de Vincennes!

A gritaria era geral. Cada palavra do homem era repetida pelos outros, que começavam a se inflamar cada vez mais.

Ele pediu a palavra mais uma vez.

- Ouçam! Olhem para suas mãos! Vejam como estão cheias de feridas e calos. Vejam como elas sangram, e sabem para que elas sangram! Para que as mãos delicadas e nobres da duquesa possam segurar taças de vinho nas festas!

- Víbora! Víbora! - repetia, enfurecida, a pequena multidão.

- Ela nos prometeu um trabalho digno, e futuro para nossas esposas e filhos que deixamos em Vincennes. Pois saibam que ontem mesmo recebi uma carta da minha filha dizendo que a duquesa nunca cumpriu o prometido! Minha esposa, minha filha, assim como as esposas e filhos de vocês, foram à porta da propriedade da duquesa para pedir um pouco de pão, e de lá foram escorraçados!

- Víbora! Vamos embora! Voltemos às nossas casas! - gritavam os homens.

- Escutem! - pediu o líder da rebelião. - Escutem! Alguns dos nossos pequenos foram até mesmo apedrejados pelos guardas da duquesa. Pois eu digo que façamos o mesmo quando ela chegar aqui.

- Apedrejemos aquela víbora!

O homem abaixou e catou uma pedra do chão.

- Não é de pedra que ela nos faz viver nesse lugar infernal? Não é de pedra que deverá ser construída sua estrada? Pois vamos fazer a duquesa sentir o peso da sua própria maldade.

- Apedrejem a duquesa! Apedrejem a víbora! - gritavam todos enfurecidos, cada um com uma pedra na mão.

Ametista ouvia tudo de dentro da carruagem, observando através da cortina da pequena janela.

Rycsard, que a acompanhava, aconselhou:

- É melhor voltarmos, duquesa. Apesar dos homens que nos acompanham nas carruagens de trás conseguirem conter facilmente esses infelizes, pode ser perigoso para a duquesa.

- Não é o momento para usar a força, Rycsard. E sim a inteligência - respondeu Ametista com uma voz calma.

- Eles estão enfurecidos duquesa. Não ouvirão ninguém.

- Sim. Eles não ouvirão "ninguém", certamente. Mas eu não sou ninguém, não é, Rycsard? Sou a duquesa de Vincennes - disse Ametista abrindo a porta da carruagem e dirigindo-se calmamente até a pequena multidão. Rycsard e os homens que faziam sua segurança olhavam-na perplexos.

A turba enfurecida, surpresa pela coragem da duquesa, calou-se automaticamente.

Ametista seguiu em direção a deles, andando lentamente, seu longo vestido negro arrastando pelo chão. Sua postura altiva e seus olhos imensos os olhavam friamente. Era uma serpente fria, calculando qual daqueles seria sua vítima. Sua presença era tão impactante que ela abriu facilmente passagem na multidão, colocando-se no meio dela. Olhou para cada um dos homens e em seguida para as pedras que empunhavam. Todos a soltaram instantaneamente. Ametista olhou para o homem no meio do círculo. Ele, que incitava a multidão, era o único a manter uma pedra na mão. Ela olhou para ele e perguntou com delicadeza:

- Acredito que essa pedra seja para mim, meu senhor?

O homem, surpreso, não pôde responder.

- Eu lhe fiz uma pergunta senhor...

- ... Pascale - respondeu o homem.

- Ah... Senhor Pascale. Por acaso não seria o senhor o marido da senhora Clarice e o pai da adorável Héléne?

O homem ficou intrigado. Não esperava que a duquesa soubesse o nome de sua filha e de sua esposa.

- Sim. Essa é minha família.

- Sei muito bem. Pois devo lhe informar que sua família está protegida e morando na vila que construímos para elas e para as outras famílias.

- Uma vila?

- Sim. Enquanto todos aqui trabalham duramente, nós em Vincennes tomamos conta de suas famílias, conforme prometido. Uma vila com casas e acomodações para as esposas, filhos e filhas dos trabalhadores que tão bravamente ajudam a levar Vincennes até Paris.

- Mas a carta que recebi...

- As cartas podem mentir, senhor Pascale. São muitos os que se opõem ao nosso corajoso projeto. Aqueles que querem ver Vincennes ainda na Idade Média.

- Então os nossos estão bem? - perguntou um dos homens.

- Estão muito bem, meu senhor. Posso lhe assegurar. E todos vocês serão recebidos com grande honra ao voltarem para Vincennes.

- Como podemos saber que isso é verdade? - perguntou o líder da rebelião.

Ametista virou-se novamente para ele. Seu olhar era indecifrável.

- Vocês têm a minha palavra. A palavra da duquesa de Vincennes.

- A duquesa irá me desculpar, mas prefiro ver com meus próprios olhos.

- Que seja, senhor Pascale. O senhor poderá partir hoje mesmo. Poderá voltar em uma de nossas carruagens.

- Pois assim farei - respondeu Pascale, soltando a pedra e indo pegar seus pertences, sendo acompanhado por mais três homens.

- Nós também iremos - disse um deles.

- Muito bem - disse a duquesa -, e a todos os outros: peço que continuem o trabalho, por favor. Toda grande obra exige um grande sacrifício, e para que vocês possam voltar para casa com as honras que merecem não podem deixar a obra no meio do caminho. O senhor Pascale lhes escreverá ele mesmo contando-lhes as reais condições das suas famílias. Por enquanto, peço que aceitem os suprimentos que trouxemos especialmente para vocês.

Os homens, famintos, logo esqueceram as pedras e a revolta para distraírem-se com o vinho e com a comida trazidos pelos homens da duquesa.

A duquesa disse mais algumas palavras de incentivo e deixou o lugar levando em sua comitiva Pascale e seus três seguidores.

No meio do caminho, Rycsard ainda estava intrigado com a atitude da duquesa e ia lhe pedir esclarecimentos, quando ela lhe perguntou:

- Em que ponto da estrada estamos, Rycsard?

- A alguns bons quilômetros de Vincennes, duquesa.

- Ótimo. Mande parar a comitiva e faça descer aquele Pascale e os outros infelizes.

- Mas vai deixá-los no meio da estrada? É uma longa caminhada até suas casas.

- Mesmo assim, mesmo caminhando por dias, eles chegariam até Vincennes, não é, Rycsard?

- Certamente, duquesa. Eles conhecem bem a estrada.

- Pois mande os nossos homens quebrarem suas pernas.

- Como disse, duquesa?

- Você ouviu bem o que eu disse, Rycsard. Faça com que os nossos homens quebrem as pernas desses desgraçados, se necessário usando as mesmas pedras que eles pensaram em usar contra mim! Quero ver se conseguem se arrastar feito cobras até o covil de onde vieram.

- Eles provavelmente morrerão na estrada, duquesa.

- Pois que morram. Vamos logo com isso. Mande a comitiva parar, e então já sabe o que fazer.

Rycsard fez sinal para o cocheiro, que parou a comitiva. Os homens foram arrancados da carruagem e postos em fila.

De dentro da carruagem, Ametista ouvia seus gritos. Seus olhos faiscavam, com uma satisfação mórbida.

- Agora podemos ir - disse ela, após alguns minutos.

Rycsard comentou:

- Engenhoso plano, duquesa. Realmente engenhoso. Dessa forma eles não poderão voltar e contar aos outros sobre a vila que não existe, não é mesmo?

- Exatamente.

- Mas me diga, duquesa. A madame não teve medo de ser apedrejada por aquele bando de bárbaros? Eles estavam enfurecidos e gritavam de um modo assustador...

- Enfurecidos ou não, são apenas homens, Rycsard. E não existe na face da Terra algo mais previsível do que essa tacanha criatura.

Rycsard calou-se. Já vira muitas atrocidades na sua terra natal, mas aquela mulher era de dar medo até mesmo nos piores czares de que ouvira falar.

E assim Ametista prosseguiu com sua fúria incontrolável. Episódios como o acontecido a Pascale e seus amigos tornaram-se cada vez mais frequentes. Os trabalhadores mais inteligentes e que poderiam influenciar os outros a desertarem eram primeiro, à vista de todos, convidados a voltar para suas casas, e acabavam sendo mortos na estrada. Rycsard providenciava para que cartas chegassem aos alojamentos informando das maravilhas que esses desistentes encontravam por lá, encorajando seus companheiros a permanecerem no trabalho.

Passaram-se quase três anos e a estrada estava perto do fim. Mais um ano e a grandiosidade do seu feito seria reconhecida por toda a França.

Ametista não fazia outra coisa a não ser ocupar-se da obra, e também de suas festas, quando um fato fez com que seu coração começasse a bater diferente. Em um dos muitos jantares que frequentava, conheceu Cândido Augusto. Um jovem e belo rapaz brasileiro, filho de família abastada que o mandara estudar na França.

A paixão de Ametista pelo rapaz foi avassaladora. Estava acostumada a divertir-se discretamente com alguns homens da região, mas era a primeira vez que alguém lhe chamava a atenção daquela maneira.

- Ele daria um belo duque, não acha, Rycsard? - comentou ela durante a festa onde o viu pela primeira vez.

- *Le bresilién*, duquesa? - perguntou o mordomo.

- Ele mesmo. Faça com que ele jante conosco na próxima quinta-feira. Convide outras pessoas do nosso círculo.

Cândido aceitou o convite da duquesa. O rapaz sonhava

em ser escritor e fora a Paris para aprender com os grandes mestres. O jovem viu na duquesa uma chance de fazer fortuna e voltar rico para seu país. Então, aparentando uma ingenuidade que na verdade não tinha, deixou-se facilmente envolver por Ametista, que encontrava grande prazer em ver mais um homem sob suas ordens. Eles se casaram em seis meses e o simples estudante vindo dos trópicos se torna o duque de Vincennes (se bem que ele apenas carregava o título e os privilégios da posição, pois a administração das propriedades e todas as decisões concernentes ao ducado continuavam sempre tomadas pela duquesa).

- Concentre-se apenas em escrever, *mon chéri* - dizia Ametista ao marido.

Cândido era para ela como mais uma peça decorativa da casa, peça que também podia ser levada à exibição em festas e jantares. Ele era um rapaz inteligente e cheio de charme. Para Ametista, casar-se com um escritor, um homem erudito, dava-lhe certo *status*. Além da excentricidade que era ter um marido de um país tão exótico e ainda pouco conhecido.

- O sotaque dele é formidável, duquesa - diziam-lhe as conhecidas.

Cândido conhecia bem sua posição e não se importava em desempenhar seu papel de acompanhante oficial da duquesa de Vincennes. Sabia que dentro daquela casa deveria interferir o mínimo possível e chegava a ponto de acatar ordens até mesmo do antigo mordomo Rycsard, que se tornara o influente secretário do ducado. Por outro lado, o título de duque que adquirira ao casar-se com Ametista lhe abrira as portas da alta sociedade de Vincennes, e o seu sonho de tornar-se um grande escritor mostrava-se cada vez mais próximo. Ele passava seus dias na companhia de professores, escritores e pesquisadores, aprendendo tudo o que esses podiam lhes ensinar sobre Descartes, Victor Hugo, Baudelaire e principalmente Balzac. Ele adorava Balzac e sonhava escrever como o consagrado autor d'*A Comédia Humana*.

A vida seguia aparentemente tranquila na propriedade da duquesa. Ametista continuava trabalhando ferozmente para que sua estrada chegasse a Paris, e Cândido Augusto dedicava-se ao seu primeiro livro, e também a ceder às vontades de sua caprichosa esposa, até que algo aconteceu para mudar a rotina da casa.

Em uma manhã quente de primavera, Ametista chegou em casa arfando. Tirou o chapéu que usava e deixou-se cair sobre uma das poltronas próximas ao piano. O marido estranhou a atitude da duquesa, sempre tão ereta e de movimentos estudados. Ver uma das mulheres mais elegantes de Vincennes sentada displicentemente o intrigou.

- Aconteceu alguma coisa, duquesa? - perguntou-lhe.

- Receio que sim - respondeu Ametista, que começara a dedilhar também displicentemente algumas teclas do enorme piano de calda.

- O que houve, então? - insistiu o marido, preocupado, pois nunca vira a duquesa daquela forma. Ela parecia fragilizada, e para ele isso foi mais assustador do que vê-la gritando com os criados.

- Esse calor terrível... Fui visitar algumas vinícolas da propriedade esta manhã, e acabei desmaiando.

- Calor e espartilhos nunca foram uma combinação muito generosa para as damas - respondeu o duque, servindo um pouco de água à esposa.

- Acontece que, ao me verem desmaiada, chamaram um médico.

- Ah, sim? E o que ele disse?

- Que esses desmaios são comuns durante...

- ... durante o calor da primavera. Eu sei, minha querida. Deve ter atenção, pois o verão ainda nem chegou.

- Não, senhor duque. O senhor não entendeu.

- Explique-me então, minha esposa.

- O médico disse que esses desmaios são comuns durante... - ela pressionou uma tecla com mais força, e o som abafou a sua voz.

- Durante? - perguntou novamente o duque.

Ametista agora tocava notas agudas e desconexas.

- Durante a gravidez - ela disse em meio ao som caótico.

Cândido sentou-se no sofá ao seu lado e ficou olhando para o nada. "Um filho", pensou. Um filho não estava em seus planos. A ideia era ele permanecer casado tempo o bastante para ganhar influência na França e ter alguns livros publicados. Depois disso voltaria para o Brasil e não precisaria mais da duquesa nem do seu dinheiro. Teria fama e reconhecimento. Publicar um livro no berço da cultura do mundo lhe traria com certeza enorme prestígio no Brasil. Era esse o plano. Era esse o trajeto que ele organizara meticulosamente, e um filho o balançara. Ele pensava em ter filhos, mas em seu país, e com alguém que amasse de verdade, não com a duquesa. Ela seria um capricho da juventude a ser lembrado com diversão quando fosse mais velho. "Esse livro eu escrevi durante minha aventura com a duquesa de Vincennes!", ele imaginava-se repetindo nas altas rodas do Rio de Janeiro. Um filho atrapalharia seu retorno à terra natal. Um filho atrapalharia tudo.

Ametista continuava tocando ao piano. Desta vez com notas ainda mais altas e cada vez mais desconexas. Parecia reproduzir fielmente a profusão de pensamentos e sentimentos conflitantes que fervilhavam na cabeça dos dois naquele momento.

Cândido, ao mesmo tempo que sentia que a ideia lhe frustraria ou atrasaria os planos, chegou à conclusão de que, no final das contas, a notícia não era de todo ruim. "Um filho é sempre uma bênção", dizia seu velho pai. E ele concordava com isso. Mesmo que vindo de um casamento sem amor. Sim, porque ele sabia que também não era amado pela duquesa. Conhecia sua posição de distração exótica. Mas uma criança é sempre um presente, não importando as circunstâncias em que chegasse ao mundo. "Sim. Um filho! Serei pai", ele pensou. E a ideia começou a agradá-lo. "Talvez eu até escreva sobre isso"... Estava se preparando para abraçar a esposa e parabenizá-la, na corrente da felicidade que então sentiu, quando ouviu a voz de Ametista em meio à profusão de notas musicais.

- Eu não terei esse filho.

- O que disse, duquesa?

- Um filho, meu caro senhor duque - disse a duquesa, agora se sentando ereta e tocando o piano como se fosse uma pianista profissional. As notas saíam de forma assustadoramente harmônicas, contrastando com o absurdo do que ela dizia -, um filho é sempre um fardo demasiado pesado para se carregar. Sobretudo para a mãe.

- Mas... - quis interferir o duque.

- Ainda não terminei, senhor meu marido - interrompeu Ametista bruscamente. E o duque calou-se, como era de costume.

- Como eu dizia, um filho é um fardo muito pesado. Uma ocupação cansativa e banal demais para uma duquesa.

- Mas temos tantos criados na casa, minha senhora.

- Ah, *mon chéri*! Seria mais uma coisa para administrar, entre tantos afazeres. Depois, tenho a construção da estrada. Ela deve ser terminada antes do final do ano. Quero que a festa de passagem do dia 31 seja realizada com a inauguração da estrada. Será uma grande festa que Vincennes irá oferecer no monumento que ergueremos no final da estrada, aos pés de Paris.

- Poderemos administrar isso tudo juntos. Possa ajudá-la com as obrigações da construção e...

Ametista riu. Levou uma mão até o rosto do marido, acariciando-o enquanto a outra mão continuava tocando ao piano. Cândido nunca a vira tocar tão bem. E enquanto lhe acariciava o rosto ela disse:

- Querido, você com o seus livros, e eu com as decisões, lembra?

- Sim, duquesa, mas um filho é... Bom, ele é o meu filho também e pensar em privá-lo de...

- Ah, é o "seu filho"? Por acaso é você quem o carrega no ventre? - perguntou Ametista, em tom ameaçador, seus olhos adquirindo o brilho intenso das ocasiões em que era contrariada. O duque não respondeu.

- Não, não é, senhor duque? É o meu corpo que o carrega. Portanto, posso fazer do meu corpo o que eu bem entender.

- Duquesa, peço que reconsidere. É também meu filho que...

- Acho que devemos finalizar essa conversa por aqui, senhor meu marido. Bem sabe como eu detesto me indispor dentro da minha própria casa - disse Ametista, levantando-se do piano. - O assunto está encerrado. Não se preocupe. Tomarei as medidas necessárias, e o senhor não terá que se ocupar de nada.

Cândido permaneceu de cabeça baixa, entregue aos seus pensamentos. Entrara naquela aventura do casamento por puro interesse e diversão, mas nunca se dera conta da seriedade que um matrimônio exigia. "Uma família é algo sagrado, meu filho", lembrou-se novamente das palavras de seu pai. E ali estava a família que construíra, mesmo sem se dar conta: uma mulher que não amava e um filho que jamais viria ao mundo. Era esse o saldo da sua felicidade. Aquela criança inocente vinha mostrar-lhe a realidade dos seus atos. Por causa de sua ambição, um inocente iria morrer antes mesmo de nascer. Lágrimas lhe vieram aos olhos. Ele levantou o rosto e olhou para Ametista.

A duquesa olhava-o com desprezo. Excesso de sentimentalismo, principalmente nos homens, a entediava profundamente. Achava patético alguém se apegar a algo que ainda nem existia. Aquele "filho" não passava de um pequeno incômodo biológico a revolver-se em seu ventre. Um incômodo que poderia facilmente ser retirado com o remédio certo. Decidiu deixar a sala antes que o duque começasse a soluçar feito uma criança.

Cândido permaneceu sentado. As notas do piano com a voz da Ametista revolviam em sua cabeça: "Não terei esse filho"... "Um filho é um peso"... "Uma coisa a mais para administrar"... Após alguns minutos, levantou-se e dirigiu-se aos aposentos da esposa. Ia exigir que ela não se livrasse da criança. Faria valer seus direitos de marido e, se ela não se intimidasse, ele imploraria de joelhos.

Estava chegando ao quarto quando ouviu a voz de Ametista, que conversava com Rycsard, e decidiu parar atrás da porta para ouvir.

- Temos um imprevisto - dizia a duquesa ao antigo mordomo. - Preciso das suas ervas.

- Quais ervas, duquesa?

- Aquelas ervas. Aquelas que nos livram de pequenos empecilhos, se é que me entende. Nós já a utilizamos outras vezes.

- A duquesa refere-se às ervas usadas para levar sua meia-irmã à morte?

- Não, Rycsard! As outras! As ervas que fazem as mulheres terem a liberdade de administrar o próprio corpo. Mais uma criança se anuncia nesta casa, e isso eu não posso permitir.

- Ah, compreendi, duquesa. As mesmas ervas que a duquesa tomou após o meirinho...

- Sim.

- Ele era casado, e um filho seria um grande escândalo, mas, nesse caso... A criança é filho do seu marido, o duque de Vincennes, duquesa. Não haveria mal nenhum em...

- Ora, Rycsard! Sabe muito bem que não sou uma figura maternal. As crianças me exasperam. Depois, a única coisa que tenho em mente agora é o término da construção da estrada à capital.

- Ah, sim! A majestosa estrada!

- Agora prepare as ervas, sim? E que sejam mais fortes e mais rápidas desta vez.

- Certamente, duquesa. Providenciarei para que comece a tomar os chás ainda esta noite. Mas observe que as ervas não são garantia total. O que fará se essa criança insistir em nascer?

- Já havia pensado nisso. Tratarei de viajar sozinha para uma das minhas propriedades distantes. Lá terei a criança e depois...

- E depois, duquesa?

- E depois me livrarei dela.

- E como faria isso, duquesa? - perguntou o secretário, pressentindo que o que estava por ouvir seria assustador, mesmo para ele.

- Mandando-a para a roda. Não é lá que as freiras recebem as crianças indesejadas?

- Sim, duquesa.

- Mas espero que esse trabalho extra não seja necessário. Suas ervas darão conta de tudo. Agora vá prepará-las e me traga o chá na hora em que eu for me recolher. E diga ao duque que não quero ser incomodada hoje.

- Pois não, duquesa.

Rycsard saiu dos aposentos da duquesa sem notar a presença do duque, que se escondera atrás de uma estante do corredor.

Ele estava paralisado pelo terror. Tudo o que ouvira era terrível demais para ser verdade. Sabia da fama que a duquesa tinha de ser implacável e ambiciosa. Mas o que descobrira agora estava além do que poderia imaginar. "Onde eu fui me meter?", ele se perguntou. Pelo que entendera, a duquesa havia envenenado a própria irmã e agora pensava em fazer o mesmo com o filho que carregava no ventre. E o pior de tudo é que, caso a criança nascesse, ela não hesitaria em jogá-la na roda dos desvalidos. Naquele momento, ele entendeu que precisava fazer alguma coisa. Mas estava perdido, sem saber por onde começar. Não havia a quem recorrer. Ele não tinha familiares naquele país, e os poucos amigos que tinha foram apresentados pela duquesa. Sabia que nenhum deles ousaria contrariar "Ametista, a terrível", como costumavam chamá-la. Agora ele entendia esse apelido, que antes sempre achara um exagero. "Preciso agir silenciosamente", pensou.

Durante os dias que se passaram, ele decidiu observar a rotina de Ametista e de seu "fiel escudeiro" Rycsard. Todas as noites, o cúmplice dela ia até a cozinha e preparava um chá com ervas, que carregava dentro de uma pequena bolsa em seu casaco. No dia seguinte, a duquesa amanhecia com mal-estar e enjoos, recusando-se a tomar o café da manhã. Cândido via através do semblante de Ametista a vida de seu filho se esvaindo aos poucos. Ele tinha que agir rápido. Naquela mesma tarde, enquanto o antigo mordomo estava na cozinha, aproveitou para ir aos aposentos dele, onde encontrou o casaco que usara na noite anterior. Revirou os bolsos e achou a bolsa com as ervas. Cândido despejou seu conteúdo em outra bolsa que trouxera e colocou dentro dela outro tipo de erva, que tinha a mesma cor e forma, mas inofensiva.

Durante as semanas seguintes continuou observando atentamente a rotina de Rycsard e de sua esposa. Em uma manhã, finalmente a duquesa se apresentava com mais disposição. A cor começava a voltar em sua face, e ela tinha uma aparência mais saudável.

Achando-se livre do "problema", visto que continuava tomando o chá que levara a um sangramento considerável algumas noites antes, Ametista voltou à sua rotina normal, ocupando-se da construção da estrada.

Dois meses depois, Cândido, que estava em sua escrivaninha trabalhando, ouviu de longe os gritos furiosos de sua esposa. Ele se aproximou do corredor para ouvi-la com mais clareza.

– Rycsard, você é um incompetente! Cinco meses, Rycsard! Cinco meses se passaram e nada aconteceu! Agora descubro que continuo carregando esse maldito fardo!

– A duquesa me perdoe, mas eu avisei que as ervas nem sempre são garantia.

- Mas eu cheguei a sangrar aquela noite! E as dores terríveis que senti? Não serviram de nada?! Que diabos!

- Acalme-se, duquesa, por favor.

- Agora terei que me afastar dos meus afazeres para ter essa criança. Esses vestidos já não estão mais escondendo a minha silhueta. E tudo isso por sua culpa, Rycsard!

- Mas duquesa...

- Você irá tomar conta da construção da estrada enquanto eu estiver fora, entendeu? Não quero que uma pedra deixe de ser colocada em seu lugar porque eu não estava lá para supervisionar, ouviu, Rycsard?!

Ametista estava transtornada. Odiava estar em condição de fragilidade. Ficar longe do seu pequeno reinado, onde podia mandar em tudo e em todos, era algo insuportável para ela. A duquesa pegou o secretário pelo pescoço ameaçando-o com suas longas unhas e disse:

- Diga para mim, Rycsard. O que aqueles infelizes costumam dizer a meu respeito quando não estou por perto?

- "Aos pobres, as pedras. À duquesa, os diamantes" - disse o secretário, reproduzindo o mantra repetido pelas centenas dos trabalhadores da estrada. Ametista, àquela altura, era temida e cada vez mais odiada por todos os trabalhadores.

- Pois que não lhes falte pedra para carregar. E se um deles ousar abandonar o trabalho, sabe bem o que fazer, não sabe?

- Quebramos suas pernas.

- Exatamente - concordou a duquesa, soltando o seu

cúmplice. Agora prepare minha partida para a propriedade que temos na Bretanha. Lá será um lugar seguro para ter essa criança e me livrar dela sem levantar suspeitas. Estarei de volta e em forma para os preparativos da grande inauguração.

"Bretanha, então", pensou Cândido. E ele já sabia o que fazer. Cândido conhecia bem a propriedade que sua esposa possuía no litoral da França. Era uma enorme casa em estilo gótico que ficava de frente para o mar. Ao redor dela, os despenhadeiros e o mar frio e revolto transformavam-na em um cenário assustador. Cândido tinha arrepios sempre que visitava aquela casa. O litoral da região era muito diferente de sua terra natal. As pesadas nuvens cinza, as chuvas e os ventos que castigavam a região lhe traziam sempre um sentimento de angústia.

Cândido decidiu partir dois dias após a viagem da esposa. De forma discreta, ele se instalou em uma pensão que ficava nos arredores da propriedade, identificando-se como comerciante. A partir de então, começou a observar durante o dia e boa parte da noite a rotina da duquesa. Longe dos cuidados de Rycsard, ela contava com a ajuda de quatro criadas que tomavam conta da casa. Uma delas vivia no vilarejo em que ficava a pensão onde o duque se hospedara. Ele ficou observando os hábitos da moça para descobrir o que se passava na casa. Uma manhã, ele viu a jovem nervosa se dirigindo a uma das casas da vila. Cândido a seguiu e, do lado de fora, ouviu a voz da criada.

– Venha rápido, senhora. A duquesa está prestes a ter o filho!

As duas saíram correndo da casa, sem se dar conta da presença de Cândido, que as seguia de longe.

Do lado de fora da casa, ele observou toda a movimentação. Duas criadas, com a senhora levada por uma delas, permaneceram no quarto, enquanto as outras duas tomavam conta dos afazeres habituais da propriedade. Cândido, ouvindo de longe os gritos de Ametista, decidiu agir. Entrou na casa e foi recebido por uma das criadas.

- Desculpe-me, senhor. A duquesa não pode receber visitas no momento - disse, colocando-se à frente da porta de entrada.

O duque assumiu então a postura habitual de sua esposa e lhe respondeu:

- Não sou uma visita. Sou o marido da duquesa. Sou o duque de Vincennes, e é melhor que me deixe passar, ou pretende me fazer perder o nascimento do meu filho?

A criada ficou desconcertada e decidiu deixar Cândido entrar.

- Perdão, senhor duque. Venha, venha.

Cândido chegou à porta do quarto e ouviu os gritos estridentes da esposa.

- Acho melhor que espere aqui por enquanto, senhor duque. O parto não é dos mais fáceis - disse a criada.

Cândido resolveu acatar. Durante toda a tarde e a metade da noite, esperou angustiado a chegada do filho, sem saber ao certo o que faria depois. Sabia do risco de vida que aquela criança sofria e sabia que ele mesmo corria esse risco, caso contrariasse os planos da duquesa.

Os gritos cessaram. Ouviu-se um choro de criança. Alguns minutos depois, a senhora que havia feito o parto saiu do quarto trazendo com ela o bebê enrolado em uma manta.

- O senhor pode ver seu filho agora, senhor duque. É um lindo menino!

Cândido pegou o filho nos braços, tomado de uma profunda emoção. Seu filho estava em seus braços, e a partir dali ele não deixaria que ninguém lhe fizesse mal.

- A duquesa ainda não sabe que o senhor duque veio visitá-la. Gostaria de entrar para vê-la?

- Não! Ainda não... Deixe-a descansar.

Cândido levou o menino para um dos aposentos e ficou ao lado da criança todo o tempo.

Horas depois, uma das criadas bateu à porta.

- Senhor duque, venha depressa! A duquesa não está bem!

Cândido deixou a criança aos cuidados de uma delas e seguiu em direção ao quarto da mulher. Um frio lhe percorreu a espinha. O que ela diria ao vê-lo ali?

Ele abriu a porta do quarto, onde uma penumbra imperava. Ametista estava sentada na cama e debatia-se, tendo que ser segurada por outras duas criadas. Ela tinha os olhos vidrados e gritava sem parar:

- Levem essa criança embora! Levem-na embora! Você viu os olhos dela? São horríveis! Horríveis!

Cândido se aproximou da esposa, tentando acalmá-la, mas ela parecia não ouvi-lo nem vê-lo.

A senhora que fez o parto levou-o para fora do quarto:

- Não se assuste, senhor duque. O parto foi muito difícil e tive que ministrar uma quantidade grande de ópio. Ela está delirando agora, mas se sentirá melhor ao amanhecer. É melhor que o senhor volte a cuidar do seu filho.

- Sim. Meu filho...

Cândido voltou para o quarto, pensativo. Sabia que o estado frágil da duquesa era a única chance que tinha de salvar a criança. "Ela se sentirá melhor ao amanhecer", havia dito a senhora. "Preciso agir rápido", pensou.

Enrolou o menino nas mantas que as criadas trouxeram e ordenou que preparassem a carruagem.

- Mas e a duquesa? - perguntou a senhora.

- Tome conta dela. É importante que ela descanse.

Cândido partiu sozinho na carruagem. Havia recusado a ajuda do cocheiro, com medo que ele fosse, assim como Rycsard, cúmplice da duquesa. O duque amparava a criança em um braço enquanto segurava as rédeas do coche com o outro, impondo velocidade aos cavalos. Sabia que tinha que sair dali o quanto antes.

Alguns minutos depois, quando começava a tomar distância da propriedade, galopando acima dos penhascos do litoral, ouviu um grito estridente. Olhou para trás e viu uma das carruagens, guiada pelo cocheiro, o qual tinha Ametista ao lado. A figura dela era apavorante. Com seus longos cabelos negros soltos, a duquesa tinha os grandes olhos azuis injetados. Ela mais parecia uma bruxa dos contos europeus que ele ouvia quando criança.

- Mais depressa! Mais depressa! - gritava ela ao cocheiro.

Cândido, que guiava a carruagem com apenas uma mão, não conseguiu manter a vantagem de distância e a carruagem da duquesa logo se aproximou da dele.

- Pare essa carruagem agora, Cândido! - vociferava ela.

- Não! É o meu filho! - respondeu o duque.

Ametista tomou as rédeas das mãos do cocheiro e começou a investir sua carruagem contra a do marido, que ia cada vez mais perto do penhasco. Tentando equilibrar a carruagem, Cândido via com clareza, lá embaixo, o mar frio e revolto que se debatia violentamente contra os rochedos. Uma chuva começou a cair de forma torrencial.

- Duquesa! Os penhascos! Desse jeito iremos todos cair - gritou o cocheiro.

Mas a duquesa parecia não ouvir mais ninguém. Nem mesmo o choro do próprio filho, que gritava assustado nos braços do pai.

Seus grandes olhos azuis e assustadores fixavam o marido e a criança enquanto jogava os cavalos contra eles. A carruagem de Cândido chegou cada vez mais perto do precipício, e uma das rodas ficou girando no ar. Ele abraçou a criança ainda mais forte e fechou os olhos, preparando-se para o pior. Antes da última investida da duquesa contra sua própria família, os cavalos da carruagem de Cândido, pressentindo o choque, pararam bruscamente. A outra carruagem passou à frente deles e caiu no penhasco.

Tudo aconteceu em uma fração de segundos. Quando Cândido abriu os olhos, viu que os cavalos estavam parados e curiosamente serenos. Ele abriu as mantas que envolviam o filho, para vê-lo. A criança também estava tranquila.

Cândido desceu da carruagem com a criança nos braços e se dirigiu à beira do penhasco. Lá embaixo, boiando no mar agitado, estavam a carruagem e o corpo do cocheiro. Em meio às pedras, Cândido viu o corpo de Ametista. Seus longos cabelos negros estavam esparramados na água. Suas pernas, retorcidas, eram balançadas pelas ondas escuras. E mesmo de longe ele pôde pressentir seus grandes e brilhantes olhos - eles estavam abertos e pareciam mais assustadores que nunca.

Cândido virou-se e voltou para a carruagem. Tudo o que ele queria era sair dali com seu filho o quanto antes e esquecer a terrível tragédia em que se transformara sua displicente *aventura*...

Semanas depois, Cândido, então oficialmente duque de Vincennes, estava no cemitério da colina próxima à propriedade da família. Era irônico como ele, um brasileiro, vindo de lugar e cultura tão diferentes, fosse agora o responsável por tudo aquilo. Observou as lápides dos integrantes da família. O duque de Vincennes, sua esposa, a duquesa Desirée, a filha dos dois, Marie-Estelle, juntamente com seu marido Antoine e a filha Marie-Eunice, e agora Ametista. Todos ali morreram jovens e de forma trágica.

Ele olhou à sua volta, avistando a suntuosa propriedade. Tanta riqueza na arquitetura, tanta beleza naqueles jardins, porém aquele fora um lugar de dor e escuridão.

Lembrou-se de sua infância simples em uma das fazendas de café de sua família. Seu pai possuía muitas propriedades, mas tinha a alma nobre e serena do homem do campo, e lhe ensinara valores essenciais para a vida. "Dignidade, honradez e caridade", ele repetia ao filho, durante as longas conversas que tinham ao observar a alvorada do campo. "Valores que eu esqueci completamente ao chegar nesse mundo tão cheio de atrativos", pensou o viúvo.

Ao olhar para a lápide de Ametista, uma profunda tristeza se abateu sobre ele. Havia mandado inscrever, em letras douradas, "Ametista, a duquesa de Vincennes", título que ela tanto valorizava em vida.

Cândido agora se dava conta de que jamais havia compreendido a mulher com quem se casara. Quando a conheceu, achou que ela era apenas fútil e cheia de caprichos, assim como eram a maioria das mulheres da burguesia que conhecera. Depois, quando descobriu a capacidade que ela tinha de fazer o mal, compreendeu-a menos ainda. Ametista parecia ter nascido para destruir a tudo e a todos que cruzassem o seu caminho. Sua sede de poder e destruição era assustadora.

Mas ao vê-la delirando após o parto, chorando como uma criança assustada e abandonada, compreendeu finalmente o motivo para tanta mágoa. Ametista tinha medo. Algo acontecera em sua infância que a transformara em uma sobrevivente disposta a tudo para conquistar um lugar seguro no mundo.

Agora, mais ciente dos reais valores daquela sociedade que tanto o deslumbrara, Cândido se dava conta dos terríveis perigos que se escondiam por trás da riqueza e das facilidades.

Ele mesmo havia se deixado envolver por uma teia que por pouco não terminara de forma ainda mais trágica. Sua ambição o fizera trazer ao mundo uma criatura de Deus que, por culpa de sua conduta leviana, quase teve como fim a roda dos órfãos infelizes. "Quanta dor somos capazes de desencadear com um só ato! Poderia ter agido diferente, mesmo com Ametista. Sempre aceitei seus caprichos e vontades sem nunca me interessar em conhecer quem era realmente aquela mulher. Saber o que ela sentia. Do que tinha medo. Algum resquício de amor e de sentimento deveria existir naquele coração. Mas é claro que eu estava ocupado demais com a minha pretensão literária para me ocupar dela. No fundo, fui tão egoísta quanto ela. Enquanto a julgava silenciosamente, por pensar apenas na construção da estrada à capital, estava eu também me ocupando apenas daquilo que me interessava."

Agora tudo aquilo não fazia mais sentido. A morte trágica de Ametista e a quase perda de um filho deixara um gosto demasiado amargo na boca do jovem viúvo. A culpa dos que se conscientizam tardiamente dos seus atos lhe corroía a alma. Sentia-se um impostor, um invasor naquele lugar. Não teria coragem de usufruir daquela riqueza e, sobretudo, não suportaria ver o seu filho crescendo naquele ambiente. Porém, sabia que agora tinha obrigações com o ducado. Atividades que ele teria de aprender a desenvolver. Provavelmente teria de comparecer às festas e solenidades que o título exigia. Pensou em seu filho crescendo com a ausência do pai, sendo educado pelos criados, criados como Rycsard...

- Isso não vai acontecer. Deve haver algo que eu possa fazer para mudar esse destino que se apresenta à minha frente - disse em voz alta enquanto deixava o cemitério.

O senhor Léon

O JOVEM DUQUE decidiu então passar uma temporada com seu filho em Paris para refletir melhor sobre as decisões que deveria tomar.

Após alguns meses, a cidade luz lhe imprimia novos ânimos na alma. Passeava todas as tardes pelo Jardim das Tulherias com seu filho, que batizara com o nome de Théodore. Ele se instalara em uma pequena casa na Ilha de São Luís, onde ele e o pequeno Théodore viviam de maneira simples.

Cândido ansiava por mostrar à criança o que o pai lhe ensinara. Ele estava feliz. Sabia que, apesar de tudo, a vida ainda lhe acenava um futuro de tranquilidade. Mas sabia que essa tranquilidade só seria possível se ele voltasse ao seu país. Somente ali, próximo dos seus e amparado pela sua cultura, é que poderia criar seu filho longe da influência da burguesia fútil que dominava a França. O problema era que agora tinha um grande peso para administrar. O ducado, as terras e a construção da estrada à capital. Agora, tudo aquilo era responsabilidade sua, e ele não sabia como fazer para fugir dessa responsabilidade. Infelizmente, teria que enfrentar isso, o que lhe causava grande tristeza.

Ele estava perdido em seus pensamentos e conflitos quando um senhor se aproximou.

– Perdão. O amigo permite que eu me sente ao seu lado?

Cândido analisou discretamente aquela figura que se aproximava. Era um homem com aparentes sessenta e poucos anos e que, apesar de possuir um ar altivo, tinha olhos que exprimiam serenidade e inteligência. Cândido aquiesceu e indicou o lugar no banco da praça para que o senhor se sentasse.

O homem sentou-se ao seu lado e disse-lhe:

– Mas que bela criança! Como se chama?

– Théodore.

– Ah, Théodore... Belo nome.

– Obrigado.

– Se o amigo me permite perguntar... Observo um acento em sua pronúncia do francês. De onde o amigo é?

– Do Brasil.

– *Brésil?! Mais c'est formidable!* – exclamou o simpático senhor.

– É um país simples. De gente simples.

– Mas de grande coração, ouvi dizer. Também é lugar de natureza abundante. O Criador lhes foi muito generoso!

– Ah, isso sim. Temos belas florestas, montanhas e um extenso e riquíssimo litoral.

– *Et l'Amazonie*! – acrescentou o senhor.

- Sim. A Amazônia. A terra protegida pelos índios.

- Deve ser um lugar esplêndido. Gostaria muito de conhecer um país cheio de cores tão vibrantes.

- E por que não vai, meu senhor? - perguntou Cândido.

- Ah, não tenho mais idade para longas viagens desse tipo. Além do mais, tenho aqui na França inúmeras obrigações.

- Entendo. E qual é a sua ocupação?, se me permite perguntar.

- Me dedico a obras literárias e também à filosofia.

- Um escritor! Mas isso é formidável!

- Bom, não sou bem um escritor, mas antes de tudo um pesquisador. Um organizador de ideias que me chegam, mas que não são exatamente minhas.

Cândido não entendeu muito a colocação do senhor, mas preferiu não expressar sua dúvida.

- Mas vejo que também se interessa por literatura?

- Sim, muito! Bom, também eu escrevo, mas até agora não produzi nada de excepcional - respondeu Cândido.

- Ah, *bien*! Tenho à minha frente então um escritor! Parece que estamos todos interligados por uma rede invisível que nos atraem uns aos outros, não é?

- Acredito que sim. Mas não posso me considerar um escritor, visto que até agora não encontrei inspiração para escrever.

- Compreendo. Às vezes a inspiração não vem por que estamos nos colocando do lado oposto do vento em que ela sopra, meu jovem.

- O que quer dizer?

- Bom. Às vezes estamos inseridos em um contexto que é contrário à nossa natureza, que não nos permite nos conectar com nosso íntimo e, por consequência, nada conseguimos produzir.

Cândido ficou encantado com aquela colocação.

- Meu senhor, o que me diz faz todo sentido. Estava agora mesmo pensando no quanto gostaria de mudar de vida. Voltar às minhas origens. Estar na minha terra natal me parece tão vital quanto respirar.

- E por que não retorna ao seu formidável país, meu jovem?

- Infelizmente, aqui eu também tenho grandes obrigações.

- Compreendo, compreendo. Mas tudo a seu tempo. Tenha paciência. Rogo para que consiga administrar tudo a contento e que consiga voltar para o seio de sua terra natal.

- Agradeço, meu senhor - disse Cândido, comovido por aquelas palavras simples, mas que emitiam grande sinceridade.

- Me chamo Cândido. E o senhor?

- Léon. Encantado - respondeu o simpático senhor.

A partir daquele dia, os dois tornaram-se amigos. Conversavam todas as tardes no harmonioso jardim público. Cândido descrevia as maravilhas do seu país e sua origem nas fazendas de café do pai. O senhor Léon lhe contava sobre sua vida de catedrático e pesquisador. A afinidade crescia cada vez mais entre aquelas duas almas oriundas de lugares tão distantes e diferentes. A convivência com aquele senhor fazia Cândido lembrar-se do seu velho pai e isso lhe enchia de conforto e felicidade.

Uma tarde, ao chegar à casa do amigo, para suas reuniões habituais, Cândido notou do lado de fora, através da janela, uma movimentação diferente da usual. Duas senhoras de ar distinto, acompanhadas pelo senhor Léon e sua esposa, estavam reunidos na mesa de jantar. Em cima da mesa, estava um livro e uma jarra de água. Alguns copos estavam distribuídos próximos aos ocupantes da mesa. Uma das senhoras começava a falar e, apesar da voz plácida e calma, Cândido conseguiu ouvi-la do lado de fora da casa:

- Amado mestre Jesus, estamos aqui reunidos em teu nome para mais uma oportunidade de aprendizado e esclarecimento. Rogamos a presença dos espíritos de luz, para que eles possam guiar nossos passos nas brumas do além. Permita-nos, oh bondoso Criador, adentrarmos o mundo espiritual para receber as mensagens do Alto, que sabemos serem de vital importância para o desenvolvimento da humanidade.

Terminada o que parecia ser uma oração, a outra senhora do grupo tomou papel e lápis, que estavam na mesa, e pôs-se a escrever. Um silêncio respeitoso se fazia na sala, e outros integrantes da mesa permaneciam concentrados em uma consternada prece.

Cândido decidiu dar um volta no quarteirão, pois se sentia mal em bisbilhotar a rotina de tão estimado amigo. Porém, enquanto caminhava, milhares de conjecturas inundavam-lhe a mente. Sabia que senhor Léon era pedagogo e também escritor, mas desconhecia que fosse adepto de alguma religião ou prática mística. Era bem verdade que, às vezes, falava de coisas que eram para ele incompreensíveis, mas Cândido, até então, atribuía os discursos à alma de filósofo que o amigo possuía. Agora tinha inúmeras perguntas para fazer ao nobre senhor. Cândido esperou mais alguns minutos e voltou para a casa da qual se tornara assíduo frequentador.

Ao chegar, as senhoras visitantes despediam-se do casal na porta. As duas lhe endereçaram um simpático sorriso ao passarem por ele e partiram.

O senhor Léon e sua esposa, como era de costume, receberam Cândido com grande entusiasmo.

– Ah, amigo Cândido! Venha. Entre! Estava me perguntando se iria nos visitar hoje.

– É sempre um prazer desfrutar da companhia de tão simpático casal. Na verdade havia chegado mais cedo, mas como vi que estavam em reunião, não quis incomodar.

– Ah, sim. E por que não entrou? Seria muito bom tê-lo conosco em nossa reunião espiritual – disse a esposa do senhor Léon, que àquela altura já se afeiçoara bastante a Cândido e tratava-o como se fosse um filho.

– Não sabia se era uma reunião privada, então...

– Ora, você já é parte da família, meu rapaz – respondeu o simpático senhor. – Mas é bem verdade que, antes que possa participar dessas reuniões, é necessário preparar-lhe o espírito.

– Confesso que estou cheio de curiosidade, meus amigos. Peço que perdoem a minha indiscrição, mas é que, do lado de fora, consegui ouvir algo. Trata-se de invocação de espíritos?

- De certo modo, sim.

- Curioso. Já havia presenciado algo do tipo entre os negros que trabalhavam nas plantações do meu pai. Sempre achei que tais superstições e crendices fossem ocupação apenas deles.

- Engana-se, meu jovem. A espiritualidade é um campo vastíssimo. Diria que ela está presente desde a terra simples das fazendas, no tambor dos negros, até os mais altos círculos eruditos.

- O amigo então é um estudioso do assunto?

- Realmente, meu caro amigo. Ainda não havia encontrado oportunidade para inteirá-lo dessa minha nobre, e laboriosa, ocupação, mas vejo que o destino tratou de indicar o momento justo - respondeu o senhor de forma tranquila. - Há muito venho me debruçando sobre o tema *espiritualidade*. Mas devo lhe adiantar que nunca em minha carreira acadêmica cogitei estudar tais fenômenos. Assim como o amigo, achava tratar-se de crendices e misticismos de mentes necessitadas de algum alívio. Porém, a espiritualidade bateu à minha porta, chamando-me a uma missão da qual eu desconhecia ser responsável. Fui chamado, devido à minha fama de pesquisador, para analisar e escrever sobre alguns fenômenos paranormais ou sobrenaturais que aconteciam em alguns lugares de Paris e em outras cidades. No início, como um cético que sempre fui, abordei tais temas com o mesmo cinismo e incredulidade de um científico. Estava pronto para entregar à prestigiosa instituição de ensino da Rue des Écolles um minucioso estudo afirmando que esses chamados "fenômenos sobrenaturais" não passavam de manifestações da psique humana. Foi então que uma voz, antes vaga e confusa, decidiu falar mais alto e, claramente, chamou-me à razão.

- Voz? - perguntou Cândido, curioso.

- Sim. A voz. Ou, para ser mais preciso, as vozes. Após aprofundar-me sobre o tema, as vozes, antes discretas, se fizeram ouvir por toda parte, vindas de diferentes pessoas, cidades e países. Parecia que elas esperavam apenas que eu, como um aluno iniciante, assistisse às primeiras aulas na escola para que depois pudesse absorver com maior clareza a enxurrada de informações que receberia.

- Então, são as vozes dos espíritos que o impulsionam a escrever seus estudos e livros?

- Sim, meu amigo. Isso sem falar na já expressiva obra deixada pelo prestimoso amigo de lutas Allan Kardec, que tanto contribuiu para esclarecer-nos sobre tais fenômenos. *O Livro dos Espíritos*, escrito por ele, assim como os outros, nos descortinou o véu da ignorância para essa tão iluminada filosofia. Com base nesses estudos, comecei a aprofundar-me nos trabalhos mediúnicos e colher também os ensinamentos através das vozes do além. O mais curioso é que essas vozes, apesar de terem origens diversas, possuem todas a mesma melodia e carregam a mesma mensagem.

- Que seria?

- A chama rediviva do Cristo está voltando à Terra. O Messias retorna do mundo espiritual através de mensageiros que trazem valiosos conhecimentos para a evolução moral da humanidade.

- Uma nova religião?

- Não somente, mas também. Não se trata apenas de uma nova religião, mas, sim, o cristianismo é a bandeira que carregamos. Os espíritos trazem a renovação das palavras de fé, esperança e, sobretudo, de amor ao próximo que o mestre ensinou. Porém, esses espíritos chegam até nós também para nos banhar de valiosíssimas informações sobre ciência e filosofia. Portanto, o espiritismo, que assim chamamos essa doutrina, vem nos trazer uma nova realidade, uma nova forma de encarar as questões ainda tão obscuras da humanidade, principalmente as que dizem respeito à morte e ao contato com o mundo espiritual.

- É possível então um contato com os espíritos?

- Não só é possível um contato com espíritos como um contato inteligente. Ou seja, eles não apenas se comunicam como vêm contribuindo substancialmente para evolução dos homens.

- Isso muito me intriga...

- Posso imaginar, meu rapaz. A espiritualidade ainda é tabu na maioria dos círculos e mesmo as mentes mais privilegiadas preferem abster-se de tais temas, atribuindo-os a mentes simples e carentes de amparo.

- Devo confessar que semprei pensei assim. A filosofia sempre conseguiu abordar vários temas, e o que ela não conseguia explicar, atribuía ao místico e ao desconhecido...

- Exatamente. E tudo que é místico e desconhecido torna-se universo de especulações e julgamentos. Porém, o que acontece agora são fenômenos físicos comprovados cientificamente e vindos de uma causa inteligente. E quando a voz, mesmo que invisível, deixa sem argumentos até mesmo o mais letrado dos homens, há seguramente algo ali a ser considerado com seriedade. Sabemos que os principais evangelhos seguidos até hoje por milhares de pessoas foram escritos por aqueles que comungaram com o Cristo em sua existência na Terra, compartilhando as maravilhas de suas palavras, que norteiam a humanidade até hoje. Pois assim também é o espiritismo. O espiritismo, assim como os evangelhos, traz a luz do mundo invisível para o mundo físico. Traz ensinamentos do Alto, jorrando água da fonte que ainda somos incapazes de colher diretamente. Nosso Criador, bondoso e justo, não quis esperar mais séculos e séculos até a vinda de um novo Messias, e tem enviado seus emissários para catapultar a Terra a condições melhores.

Após uma pausa, o senhor Léon continuou:

- O espiritismo é fonte viva da qual todos os seus missionários devem encher seus cantis, levando para todos os cantos da Terra seus ensinamentos retificadores. Eu vos digo, meu caro amigo, que é chegada a hora, tão temida pelos homens, em que os mortos se levantarão de suas tumbas. Mas o farão não de forma física e apavorante e sim através de suas mentes e corações, que estão cheios de testemunhos de uma vida que descobriram ser eterna! Serão eles também que, orientados pelos espíritos de luz que coordenam a evolução dos mundos, irão levar as boas novas aos quatro cantos do mundo. E em um tempo que ainda não podemos precisar, essas vozes se farão tão intensas e eloquentes que não mais se poderá negar a existência da vida após a morte. Afirmo que até mesmo grandes cientistas se curvarão à simplicidade dos fatos naturais, com a colaboração dos amigos do além.

O senhor Léon, observando que tais observações causavam grande impacto na alma do rapaz, decidiu finalizar seu improvisado discurso.

- Mas lhe peço que não se assuste, meu caro amigo. Temos tempo. E eu terei prazer em lhe esclarecer de forma gradativa sobre tão delicado tema.

Cândido, mais do que intrigado, estava maravilhado. Parecia que a vida inteira havia procurado por uma filosofia que lhe tocasse a alma. Acreditava que perseguia a literatura porque queria desesperadamente entender e explicar melhor o mundo. E aquela filosofia lhe trazia todo um universo. Era um universo cheio de possibilidades que se desenrolava à sua frente.

O jovem viúvo, a partir de então, passou a se interessar e a se aprofundar no assunto da espiritualidade, tendo como professor aplicado e devotado seu amigo Léon. Começou a ler todos os artigos que o amigo escrevera sobre o assunto e também a participar das reuniões espirituais. Sua alma havia encontrado um pouco de paz. E, aos poucos, as mensagens de caridade e amor, bem como as advertências sobre as consequências dos atos na existência terrena, enchiam o rapaz de novas esperanças. Aos poucos, ele foi encontrando, além de novos conhecimentos, uma solução para seu drama pessoal.

Em uma de suas animadas conversas com seu estimado amigo, e agora também professor, ele achou a convicção que precisava para tomar uma importante decisão.

- Amigo Léon, me diga: a lei de causa e efeito que foi tema da última mensagem é realmente válida e aplicável também em nosso mundo? Digo, o mundo dos vivos?

O senhor Léon riu da colocação do rapaz.

- Estamos todos vivos, Cândido. O que nos difere dos espíritos é o nosso corpo de carne. Que eles chamam de envoltório físico. E lhe afirmo que os espíritos estão mais vivos do que nós, pois enxergam com maior clareza do que a nossa atual condição permite.

- Peço desculpas. O tema e os termos ainda são novos para mim. Mas me responda, meu amigo. Aplica-se a lei de causa e efeito também a nós que aqui estamos? Ou essa lei será aplicada somente quando partirmos?

- A lei de causa e efeito se faz em todo lugar, meu caro. Se eu pegar uma pequena pedra agora e atirá-la sobre um lago sereno, essa pedra irá provocar uma agitação na água. Uma vibração que logo fará com que a água antes calma tenha ondas em uma reação em cadeia. Pois assim também são as consequências dos nossos atos neste e em outros planos. Tudo o que fazemos influencia direta ou indiretamente o mundo em que vivemos e também o nosso próximo.

Cândido lembrou-se de seu casamento por interesse e o desfecho trágico de sua história.

- E também o que deixamos de fazer? Está também isso dentro da lei de causa e efeito?

- Sim. Principalmente se estamos conscientes de que

nossa omissão pode prejudicar ou deixar de ajudar ao nosso próximo e ao mundo em que vivemos.

Cândido lembrou-se então de sua responsabilidade como duque. Lembrou-se da estrada imperial que continuava em construção, agora através das mãos impiedosas de Rycsard. Quando se casou com Ametista, ouvia comentários das condições terríveis que os trabalhadores sofriam, abandonados no meio da mata em condições desumanas. Mas, na época, sua mente leviana pensou tratar-se apenas de boatos ou exageros. Agora, mais esclarecido e também tendo conhecido a verdadeira natureza de sua esposa, sabia que os rumores eram verdadeiros. De repente se deu conta de que centenas de pessoas simples sofriam imposições terríveis simplesmente por sua omissão ou falta de interesse nos negócios pelos quais era agora responsável. Estava tão ocupado em salvar seu filho e também em encontrar alívio para sua alma culpada que se esquecera de que um único gesto seu poderia ajudar a tantas pessoas. Confidenciando em prantos ao amigo tudo o que vinha em seu coração, ele por fim exclamou:

- Como fui egoísta!

- Acalme-se, Cândido - pediu o paciente amigo. - Tudo vem a seu tempo, e sempre no momento justo. Acha então que foi por acaso que sua alma sensível foi encontrar abrigo no seio de tão conturbada família? Vejo que você foi o instrumento enviado para efetuar as mudanças necessárias nessas gerações de sofrimento.

- O que devo fazer para mudar a paisagem escura do meu destino, meu amigo?

- Aja com o coração e confie. Lembre-se dos ensinamentos simples do seu pai, de quem me fala sempre com tanto carinho. Será na simplicidade de uma alma honrada e temente a Deus que encontrará as respostas que procura. Mas venha, vamos até a minha casa. As senhoras nos aguardam para mais uma reunião. Quem sabe os amigos do Alto não lhe mandam algum alento?

Os dois se dirigiram à casa de Léon onde a mesa já estava preparada para os estudos habituais.

Após alguns minutos passados da oração de abertura, diversos espíritos iniciaram a comunicação através das senhoras. Elas se revezavam entre a psicofonia e a psicografia. O senhor Léon tomava nota de todas as observações realizadas pelos "amigos do Alto". Sua esposa permanecia concentrada, dando sustentação energética aos trabalhos. Cândido, como de costume, entre encantado e intrigado, observava a tudo com extremada atenção.

Quando o final da reunião se aproximava, uma das senhoras fez sinal informando que o espírito de uma distinta senhora gostaria de se comunicar, ao que o senhor Léon rapidamente aquiesceu, dizendo:

- Seja bem-vinda à nossa casa, irmã

A médium se concentrou mais alguns segundos, esforçando-se para manter-se conectada mentalmente ao espírito comunicante e realizar com êxito o intercâmbio. Após certificar-se de que não havia mais nenhuma interferência mental da médium, o espírito começou a falar:

"Amados amigos, que alegria adentrar essa casa tão cheia de luz e perseverança. Bem sabemos que os trabalhos aqui realizados, embora de aparência tímida, serão de grande importância para o desenrolar de uma nova era de que se aproxima a humanidade. Que Deus abençoe essa dadivosa plataforma de luz. Queremos parabenizar aos irmãos encarnados pelo trabalho e dedicação. A constância no evangelho e a retidão de moral de todos é de vital importância para o êxito de tão estimado trabalho há muito planejado pelo plano espiritual. Vejo daqui uma chuva de livros sobre a mente do nosso amigo Léon. Suas responsabilidades serão gigantescas, mas também grandes serão as dádivas derramadas sobre a sua atual existência. Não tenha dúvidas, caro amigo, de que há muito você vem sendo preparado por almas prestimosas que habitam as moradas mais altas para que cumpra com êxito essa nobre missão. Os espíritos que se ocupam de difundir a palavra, o conhecimento e a sabedoria entre os mundos, estão sempre ao seu lado. E eles são muitos, portanto, nada tema.

"O objetivo do intercâmbio, porém, apesar de grande complexidade, é sempre o mesmo: o de levar o amor do Cristo aos corações dos homens. A nova doutrina que se anuncia servirá para unificar as ovelhas que se desgarraram por diversos motivos. Onde falta amor, o espiritismo levará o exemplo cristão para consolar. Onde falta conhecimento, o espiritismo levará a luz da filosofia que esclarece. E onde falta a fé, o espiritismo levará a confirmação incontestável da ciência da vida após a morte. O espiritismo, apesar do tríplice aspecto, não será apenas uma filosofia, não será somente uma religião nem se limitará à ciência. Será poderoso vórtice a se abrir nos corações dos homens fazendo-os entender de uma vez por todas os desígnios do Criador.

"E, a partir desse entendimento, vos digo que todas as ciências, as filosofias e principalmente as religiões serão vistas por outro prisma. O prisma da sabedoria. Não mais existirá a intolerância dos dogmáticos e fanáticos. Não mais a frieza da ciência desumana. E não mais a filosofia de reflexão inútil. Todas essas vertentes seguirão um mesmo caminho e convergirão harmonicamente para uma única fonte: o nosso Criador.

"Cada um de vocês desta sala, amigos encarnados, possuem importante missão na difusão dessa verdade. Assim como o amigo Léon e sua esposa serão os responsáveis por redigir as notas do Alto, qual alunos atentos e aplicados ao ditado, também as duas irmãs que se fazem intermediárias das vozes e letras que jorram do plano espiritual serão para nós importantes instrumentos. E também o jovem rapaz aqui presente terá relevância para levar mais longe a escrita esclarecedora, que se fará abundante.

"Tenho aqui ao meu lado uma gentil amiga, colaboradora aplicada enquanto encarnada, que ajudava instintivamente aos desavisados do mundo praticando a caridade, mesmo sem saber por que o fazia. Ela, assim como muitos, foi pioneira dessa nova era, espíritos que chegaram à Terra sem a retaguarda do espiritismo, mas que já traziam latente a compreensão da espiritualidade maior. Eles foram e são de grande importância para preparar os homens para o momento que se aproxima. Sempre, antes de grandes revelações, são enviados pequenos emissários que preparam a Terra para as poderosas sementes que chegarão mais adiante.

"Essa nossa amiga encarnou no meio de grandes facilidades materiais, proporcionadas por sua posição. E não obstante as pesadíssimas provações da riqueza, conseguiu vencer a si e ao meio em que vivia, transformando o que poderia ser uma existência fútil em um grande exemplo de doação aos necessitados.

"Ah, que maravilha ver como os ensinamentos maiores são capazes de transformar os homens! Agora, não mais a guilhotina que destrona reis e realezas, mas o conhecimento e a fé viva de que existe algo maior que a vontade dos homens.

"Nossa irmã obteve grande vitória em sua experiência terrena e, apesar de sua família ter sofrido toda a sorte de infortúnios, ela conseguiu deixar um importante legado de amor na sociedade superficial em que vivia. Ela vem até vocês para exprimir o seu contentamento em ver o jovem Cândido presente nos estudos e trabalhos dos espíritos. Há muito ela vem rogando ao Pai e também trabalhando muito para que esse dia chegasse. Ela informa que, há muitas encarnações passadas, foi mãe zelosa de Cândido. Ele já encarnou na França e, após ser muito perseguido, acabou padecendo nas mãos impiedosas das cruzadas. Padecimento que se propagou além da sua morte física. Os espíritos dos que eram contrários à filosofia que o jovem tentou imprimir na idade média eram implacáveis, torturando-o incessantemente. Sua mãe, incansável protetora, conseguiu a intervenção da espiritualidade para que ele reencarnasse, no futuro, no seio de uma família simples, em um país que ainda não fora contaminado pelo banho de sangue dos desacordos religiosos e políticos. Foi providenciada então sua encarnação no Brasil para que ali Cândido pudesse respirar a simplicidade do campo e se refazer para sua nova missão. Por isso, logo na adolescência o jovem já demonstrava a paixão pelas letras e também uma grande afinidade com o velho mundo. Tudo foi minuciosamente planejado para que seus passos o trouxessem até a casa e a tutela de nosso prestimoso colaborador, o senhor Léon. Até mesmo o seu encontro com Ametista, apesar de desastroso, foi de vital importância para quebrar o ciclo de destruição que o espírito dessa nossa irmã, no engano, vinha impondo à família. Não se martirize de culpa, meu jovem. Apesar de sua leviandade ter consequências desagradáveis, era necessário que assim fosse para que conseguisse quebrar a poderosa redoma de ódio que se formara sobre Ametista. O filho que você colocou em seu ventre foi a mola propulsora que catapultou essa irmã a uma nova condição. E, apesar do seu aparente desprezo pela maternidade, significativas mudanças se fizeram em seu campo energético. No momento, essa irmã encontra-se em zonas de sofrimento, mas, em breve, sentimos que ela estará pronta para um recomeço."

Após uma breve pausa, a médium continuou:

"Sua missão, no entanto, vai muito além. O seu encontro com a família da genitora de outra vida foi realizado não apenas para que sensibilizasse Ametista, mas também para que transforme o ducado de Vincennes em um reinado de bênçãos para os necessitados. E principalmente para que conhecesse o espiritismo, tendo a oportunidade de colhê-lo na fonte mais pura, como a do nosso irmão Léon. Sua missão, após encaminhar o ducado para o objetivo que lhe compete, será a de levar a nova doutrina à sua terra natal, fazendo com que ali ela brilhe e reluza sobre todo o planeta.

"É uma importante missão a de vocês todos, bem o sabemos. Mas não temam. São muitos os anjos de luz à sua retaguarda, e serão muitos também os que se juntarão à sua caminhada. Cândido, amigo Léon - disse o espírito, dirigindo-se ao senhor -, deverá ser orientado nos ensinamentos da doutrina assim como o vem fazendo, mas também deverá ser iniciado nos trabalhos mediúnicos. Com empenho, em pouco tempo, ele começará a receber diretamente as mensagens dos que daqui escrevem sem parar. Inicialmente ele deverá ocupar-se das traduções, para sua língua materna, do que você vem escrevendo. E, no futuro, será grande colaborador dos espíritos responsáveis por enviar os ensinamentos filosóficos.

"Mãos à obra, então, estimados amigos! Deus esteja com vocês! E nós estaremos sempre ao seu lado. A irmã ao meu lado também se despede, deixando ao filho, emocionada, o doce ósculo materno. Ela diz que se chamava Justine na época em que foi mãe de Cândido, mas que talvez seja melhor reconhecida como duquesa Desirée, seu nome em sua última reencarnação.

"Sim, meus amigos, o acaso não existe, e a engenharia divina é assombrosamente precisa. Tudo ocorre para um bem maior e todos os encontros dos espíritos são promovidos visando a evolução dos seres e dos mundos. As famílias terrenas se propagam também na espiritualidade, ou, melhor dizendo, é aqui que elas realmente se iniciam. E, apesar de parecerem aos olhos equivocados um tortuoso labirinto, as famílias e as relações entre os seres são para o Criador um harmonioso laço, cheio de caminhos de aprendizado, elevação e beleza.

"Fiquem com Deus, meus irmãos, e até breve."

A médium sentiu o desligamento da comunicante e chorou, emocionada. Apesar de doar-se sem interferência para o intercâmbio, ela esteve consciente durante toda a comunicação e, desdobrada, além de ouvir, pôde também ver a presença luminosa da irmã que, apesar de irradiar extasiante luz, esforçava-se para permanecer discreta, não se importando em informar nem mesmo seu nome após tão comovente e esclarecedor discurso.

O senhor Léon fazia suas anotações, enquanto Cândido o olhava com grande surpresa. Muitas foram as dúvidas do rapaz, que o seu tutor fez questão de esclarecer com paciência e boa vontade.

A senhora que havia realizado a comunicação, após alguns minutos com seu papel e lápis, exibiu ao grupo um desenho que parecia ser o retrato de uma jovem dama.

- Essa é a irmã comunicante? - perguntou Léon.

- Ah, não. Jamais seria capaz de transmitir para o papel um rosto tão puro e um olhar tão cheio de sabedoria. Esse é o retrato da senhora que acompanhava a orientadora, que, como ela disse, se chama Justine.

- Mas essa é a duquesa Desirée! Temos muitos quadros com retratos dela pela casa! - exclamou Cândido.

- Então, tudo o que a comunicante disse faz sentido - disse a esposa de Léon.

- Estou abismado com todas essas revelações, meus amigos. Então terei eu a missão de escrever sobre o espiritismo, e ainda por cima na minha terra natal?

- É, meu caro. Bem-vindo a bordo. Quem diria que aquele velho banco de praça seria o pequeno bote que iria lhe trazer até a nossa nave! - comentou Léon com ar divertido.

- É assustador! - respondeu o jovem.

- Sim, eu entendo sua perplexidade. Também eu a experimentei. Mas é também maravilhoso. É um grande privilégio ver descortinar-se diante de nossos olhos parte importante dos muitos segredos do Universo. Mas vamos! Agora, descansemos um pouco. Há muito que assimilar e nada se produz de qualidade se a pressa estiver no meio.

A reunião terminou com a alegria e a descontração daqueles que reconhecem estar no caminho certo.

Cândido passou a visitar o amigo todos os dias para se aprofundar no que já havia produzido e também no que estava por produzir.

***

Foram seis anos de intenso trabalho de pesquisa e intercâmbio espiritual. O jovem aprendiz fazia apenas algumas pequenas pausas nos estudos espíritas para se ocupar das questões que lhe competiam no ducado. Em pouco tempo ele conseguiu expulsar Rycsard da propriedade e a transformar em um albergue-escola para estudantes de marcenaria, escultura e outras artes, como a música. A grande propriedade era agora um abrigo para crianças e jovens carentes da região. Ali, elas encontravam alimento, estudo e orientação para a vida. A construção da estrada também fora interrompida. Mas, apesar disso, Vincennes passou a ter uma grande ligação com Paris. Não devido à estrada que Ametista tanto sonhara em construir, mas ao talento dos jovens reconhecidos e requisitados nos salões de Paris. O Conservatório de Música e a Escola de Artes de Vincennes virou referência em todo o país.

- A estrada que liga os homens ao sucesso pode ser bem mais sutil do que eles imaginam. A construção da calçada da evolução não é feita de pedras, mas de amor e sublimação - disse o senhor Léon a Cândido quando os dois comentavam sobre o destino dos títulos e propriedades da família de duques de Vincennes.

- Realmente, uma grande ironia. Ametista queria tanto ser reconhecida por seus feitos que investiu apenas na matéria pesada de uma obra grandiosa e sofrida. Rejeitou tanto os pobres de sua região, ignorando que neles estava todo o tesouro de que precisava - respondeu o rapaz.

- E por falar em mudanças significativas. Como andam os preparativos para o seu retorno ao Brasil, meu jovem amigo?

- Parto em três semanas, amigo Léon. Confesso que, apesar da felicidade de retornar à terra natal, tenho medo de não conseguir cumprir a missão que me foi destinada.

- Compreendo o seu receio Cândido. Levar palavras novas para mentes ainda destreinadas a novos vocabulários é sempre um grande desafio. É como levar sementes desconhecidas a mãos de lavradores acostumados a plantar e colher sempre o mesmo fruto. Mas peço que confie no coração do seu povo. Apesar de simples e ainda em desvantagem no que diz respeito a desenvolvimento e cultura, eles carregam um grande tesouro consigo, que é a generosidade de seus corações. Seu país é um país jovem, meu caro. Um recém-nascido se comparado ao velho mundo. Mas nem por isso é menos importante. Pelo contrário, pelo teor das comunicações dos nossos amigos do Alto, acredito que será vital para a propagação do novo evangelho.

- O Brasil? Acredita mesmo, amigo Léon? Mas faz muito mais sentido que o espiritismo cresça aqui, onde nasceu e onde existem tantas mentes privilegiadas como a sua para direcioná-lo de maneira justa.

- Não se engane com as pompas de cultura e erudição do meu povo, meu amigo. Por trás de tanto conhecimento existe o ranço da soberba e da vaidade. Nem sempre uma mente privilegiada é sinal de um coração reto e generoso. Pelo contrário, é exatamente quando os homens começam a dar os primeiros passos no conhecimento que eles se deixam contaminar pelo azedume da intolerância. Julgando saber tudo, encontram acolhida nos salões nobres onde seus egos são constantemente acariciados. E, nessa cômoda posição, eles passam a rejeitar com veemência tudo o que possa lhes tirar o título de únicos detentores da verdade. Então os antes desbravadores, em busca da sabedoria, passam a ser combatentes de ideias novas, perseguindo e sufocando as vozes contrárias aos seus objetivos pouco nobres.

- Está dizendo que o espiritismo corre perigo aqui na França?

- Não só na França como em toda a Europa. Hoje mais

do que nunca tenho a convicção de que, se o novo evangelho nasceu aqui, foi apenas para tomar forma e robustez literária, para que pudesse cruzar os oceanos. Afirmo que, apesar da sua gênese ter acontecido no velho mundo, nem mesmo o seu alicerce se fará aqui. Digamos que aqui foi apenas uma plataforma de lançamento. E as boas-novas serão lançadas em lugar mais seguro. Lugar onde os corações, embora simples, ainda não foram corrompidos pelas chagas da intolerância.

- Meu país, então... - comentou Cândido pensativo.

- Exatamente. O Brasil, apesar de não ter dado à luz o espiritismo, será sua ama de leite. O berço carinhoso que o acolherá. Será o abraço materno que o protegerá e o alimentará, fazendo com que ele cresça forte e robusto onde se faz mais necessário: no coração dos homens!

- Mas, amigo Léon, isso muito me preocupa. Minha terra ainda é tão pouco desenvolvida. Temo que tão preciosa filosofia fique perdida em um país distante e que dali ela não possa atingir o mundo.

- Não subestime a sua capacidade, meu jovem. O Brasil ainda será palco de grandes manifestações da evolução humana.

- Mas como, se estamos há séculos do desenvolvimento europeu? Ora, se aqui vejo magníficas arquiteturas que foram projetadas e construídas quando meu país ainda era uma selva de índios... Isso sem falar no adiantamento da sua cultura e política. Como nos equipararmos em tão curto espaço de tempo? Seria possível dar saltos assim tão grandes?

- Cada país tem sua missão na evolução do planeta, Cândido. É bem verdade que a Europa está adiantada nas áreas que você citou. Mas não se esqueça de que, se hoje temos acertos, esses foram conseguidos à custa de muitos erros e muitas guerras. Muito sangue foi derramado para que chegássemos aonde chegamos.

- Entendo. Quer dizer então que os europeus foram apenas os pioneiros, que encarnaram antes para adiantar a organização das civilizações?

- Não necessariamente. O irmão se esquece de um importante detalhe: somos todos espíritos antigos e nos revezamos entre países, nacionalidades e posições sociais, para nosso melhor aproveitamento no aprendizado e, por consequência, para um melhor desenvolvimento do nosso planeta.

- Quer dizer que os irmãos que vejo aqui no velho mundo já reencarnaram em outros países como o meu?

- E não poderia ser diferente. O Criador não faz concessões, e todos nós, que somos trabalhadores em sua construção, devemos estagiar em todos os campos e posições de trabalho. Não se lembra de que, de acordo com as palavras de uma de nossas orientadoras espirituais, você mesmo foi um francês em sua última encarnação?

- É verdade. Acabo sempre esquecendo dessa informação, apesar da importância que ela tem para mim. É que amo a filosofia espírita, mas confesso que sempre tenho dificuldades em assimilar essas informações de vidas passadas, e também a prática da comunicação dos espíritos. Peço desculpas pela ousadia, amigo Léon, mas algumas vezes chego até mesmo a duvidar de que eles realmente se comunicam conosco. E se as comunicações que ouvimos na mesa forem fruto de uma sugestão coletiva? Há autores em psicologia publicando estudos sobre esse fenômeno.

- Não se desculpe, Cândido. A dúvida é comum e digo que ela é até mesmo muito saudável e necessária para aqueles que como você possuem a missão de difundir a doutrina.

- Verdade?

- Sim. Será a dúvida que o tirará do sono letárgico dos que pensam tudo saber. Também eu, no início, me debrucei sobre a teoria de que todas as comunicações espirituais não passavam de uma manifestação do inconsciente coletivo. E, por causa disso, apliquei as ferramentas de pesquisador científico para me certificar de que não estava diante de uma fraude involuntária. As comunicações, como as que recebi ao longo dos últimos anos, e que você agora vem traduzindo para o seu idioma, estão sendo enviadas não apenas através dos médiuns que conhecemos na França ao longo desses anos.

- Não?

- Absolutamente. Os textos, principalmente os que se transformaram em livros, foram enviados através de diversos médiuns de diversos países, sendo que nenhum tinha conhecimento da existência do outro. O resultado disso foi um texto coeso, inteligente e com o mesmo conteúdo e objetivo. Apliquei o mesmo critério que o nosso precursor Allan Kardec utilizou no início do seu trabalho.

- Mas isso é fantástico!

- Sim. E foi a primeira providência que tomei ao abordar tão complexo assunto. Essa foi a prova de que precisava para seguir adiante, confiante. Os próprios espíritos já disseram que se pode calar um homem, mas não se pode calar as vozes que se fazem ouvir simultaneamente nos diversos pontos do planeta.

- Realmente, diante desse argumento, não me resta dúvida. Mas confesso ainda ter receio quanto ao exercício da psicografia. Já ensaiamos alguns passos, mas fico sempre na dúvida do que é produção minha e do que é realmente material espírita. Os escritores e poetas sempre falaram em inspiração. Qual seria a diferença entre uma coisa e outra? Como saber o que é inspiração ou comunicação espiritual?

- É simples. Entendendo que toda inspiração é também uma comunicação espiritual.

- Como? Não consigo entender...

- Se partirmos do princípio de que somos espíritos, almas vindas de uma espiritualidade maior, somos parte de uma corrente incessante de criação divina. Todas as impressões criativas flutuam no planeta, esperando apenas uma alma sensível que as colha e as distribua aos seus irmãos. Portanto, um homem que escreve está automaticamente colhendo impressões criativas, palavras de luz já existentes no cosmo.

- Entendo. E como fica então a questão da autoria das obras? É justo então que os autores colham os louros sem verdadeiro mérito?

- Observe que sensibilizar-se neste mundo físico e buscar traduzir em palavras o que há de sublime no mundo etéreo por si só já é um grande mérito. O poeta ou escritor merece a autoria de suas obras, pois empregou esforço para verbalizar e materializar o que antes era subjetivo.

- Mas isso não se aplica também às psicografias?

- Não, pois as psicografias são obras já prontas. Considerando as comunicações dos espíritos superiores, as psicografias são pensamentos elaborados com minúcia por eles, que, além de fazerem todo o trabalho, ainda têm a árdua missão de passar a mensagem oriunda do Alto para nós, que ainda somos de difícil absorção.

- Quanto mais me aprofundo no tema, mais vejo a seriedade da missão que me compete.

- Sim, Cândido. Sua missão será não apenas de difundir a doutrina, mas de se manter vigilante perante os ataques que sofrerá.

- Disso estou ciente. A resistência e os ataques serão grandes por parte dos literários de plantão. Isso sem falar nos religiosos, que fazem da necessidade de fé uma política no meu país.

- E não é apenas com as investidas dos vivos que você deverá tomar cuidado, meu caro. Muitos espíritos contrários à boa-nova que se aproxima da Terra lhe seguirão os passos, não hesitando em atacar ao menor sinal de fraqueza sua.

- É possível que os espíritos superiores não me protejam, já que carrego as mensagens deles nas mãos?

- Entenda que a mensagem também é nossa, Cândido, pois somos todos trabalhadores do Cristo e temos o interesse na melhoria do nosso planeta. Os espíritos de luz estarão sempre com você, porém eles respeitarão sempre o seu livre-arbítrio, e caberá a você continuar no caminho que lhe foi sugerido. Apesar da grande proteção que terá em todos os dias de sua vida, será sua conduta moral que fará com que essa proteção seja mais forte e mais presente.

- Vejo que aumenta ainda mais a minha responsabilidade...

- Sim, meu caro amigo. Nossas responsabilidades são imensas perante a obra do Criador, mas ainda maiores são as bênçãos que d'Ele recebemos. Entendo que, ao trabalharmos nas obras do Cristo, podemos pensar que estaremos automaticamente protegidos das adversidades da vida; que ao levar a sua palavra na boca e suas escrituras nas mãos, flutuaremos protegidos em macia nuvem branca. Ledo engano, meu amigo. Trabalhar para o Cristo é deparar-se diariamente com as sombras que envolvem nossos irmãos e também a nós mesmos, pois, neste mundo, quem é cercado de um pouco de luz vê o grande contraste de escuridão que ainda nos cobre.

- Que ironia...

- Não creio que o Pai se ocupe de tais particularidades. É bem verdade que quanto mais o trabalhador do bem se cerca de luz, mais sombra ele verá, e isso se faz não por injustiça, e sim porque o médico será colocado sempre onde se fizer mais necessário. Lembra-se de como os apóstolos do Redentor foram perseguidos? Pois bem, assim também serão os pioneiros do espiritismo, sendo que desta vez os açoites virão não apenas de mãos de outros, mas das nossas próprias, que, impulsionadas por nossos defeitos, nos perseguirão noite e dia exigindo reparação e melhoria.

- Nossa! E eu que tanto almejei ser um escritor e sonhava com o meu nome na autoria de grandiosas obras me vejo agora às voltas com uma reponsabilidade maior do que poderia imaginar, sendo que nem mesmo poderei assinar como autor dos livros que escreverei. Que grande lição amigo, Léon!

- Sem dúvida, meu jovem. Seu caso me faz lembrar de um antigo conto sobre um homem da cidade que sonhava em morar no campo. Era um homem que gostava da solidão e ansiava por morar isolado em um lugar tranquilo. Queria ser dono de terras e ter sua própria fonte de água. Viveria na companhia dos pássaros e pequenos animais e produziria seu próprio alimento. Um dia, após empregar todos os seus recursos de anos de trabalho, encontrou o pedacinho de terra com que tanto sonhara e se mudou para a propriedade, simples, mas abundante de riquezas naturais. As primeiras semanas ele passou em tranquilidade, gozando de silêncio e paz. No meio da sua propriedade, uma fonte jorrava água pura e cristalina, onde ele ia todos os dias colher água para sua casa. "Que dádiva!", ele dizia. Porém, na semana seguinte ele escutou ao longe uma voz que chamava do portão de madeira. Era uma senhora muito debilitada, uma camponesa que, acompanhada por duas crianças maltrapilhas, pedia autorização para colher um pouco de água. Mesmo a contragosto, o homem não teve coragem de negar água a tão sofridas criaturas.

"Não demorou muito para que a notícia se espalhasse,

e em pouco tempo uma longa fila se formava diariamente em seu portão para colher água fresca da preciosa fonte, que por sinal era a única da região.

"O homem entendeu então que, apesar de ter ansiado a vida inteira pela solidão, não poderia omitir-se da imposição que a vida lhe fazia. Não poderia ele querer ser o único beneficiário do precioso recurso dado pelo Pai a todos os seus filhos. E então ele passou a atender aquelas pessoas não apenas em suas necessidades básicas, mas também levando uma palavra de conforto e fé para aquela gente tão sofrida. Sem se dar conta, perdeu o medo que tinha da convivência com outras pessoas, curando-se enquanto ajudava seus irmãos."

- Que bela história, amigo Léon. E ela muito me faz lembrar a minha trajetória. Procurei um casamento por conveniência e facilidades e encontrei a responsabilidade de transformar a trajetória de toda uma família. Isso sem falar no filho que Deus me deu, que me ensina a ser melhor todos os dias. Procurei as honras de um grande escritor e me foi dado o trabalho de escrevente dos espíritos, copiando humildemente suas palavras e aprendendo com elas. Veja só que grande lição a vida me passa!

- Realmente, Cândido, e que bom que essa lição veio a tempo e em um momento em que você pôde absorvê-la sem revolta e com sabedoria. Mas quero também que se sinta honrado, pois o nosso trabalho, apesar de humilde, levará alívio e alegria a muitos corações.

- Se o amigo assim o diz me permitirei sentir-me honrado e até mesmo orgulhoso de ter chegado até aqui.

- E nada tema, Cândido. Estaremos sempre com você. Foi um grande privilégio tê-lo comigo durantes esses últimos anos.

- Eu que deveria dizer isso, meu amigo. Sua amizade provocou mudanças enormes em minha alma.

Os dois amigos se enlaçaram em um abraço fraterno, experimentando a energia benéfica que somente os espíritos missionários e companheiros de outras vidas possuem.

Semanas depois, Cândido retornou com o filho ao Brasil, levando no peito uma grande esperança e nas mãos as preciosas letras do Evangelho redivivo.

A jornalista

NÃO DEMOROU MUITO para que Cândido se estabelecesse na cidade do Rio de Janeiro, adquirindo uma casa ampla, circundada de harmonioso jardim, no bairro das Laranjeiras. Nessa casa ele retomou os trabalhos de tradução dos textos que havia iniciado na França. A harmonia reinava naquele lar, que era visitado constantemente por espíritos que compartilhavam a mesma missão de difundir o Evangelho no Brasil.

Cândido experimentava finalmente uma grande paz de espírito. Ele só se recordava de ter vivido tão alegremente assim durante a sua infância. E, por isso, se dirigia todos os finais de semana à fazenda dos seus pais. Queria que seu filho Théodore crescesse com a mesma simplicidade com que ele crescera. Apesar de tudo, uma pequena tristeza ainda insistia em pousar em seu coração. A convivência com o filho, o trabalho que fazia e a presença dos espíritos amigos, além da comunicação constante que tinha com seu amigo Léon, de Paris, o enchiam de conforto, porém ele sentia que algo lhe faltava. Cândido sentia-se só. Nunca fora de pensar muito no amor. Seu casamento fora realizado devido à sua ambição e interesse. Ele desconhecia a comunhão verdadeira de corações que unia pessoas como seu pai e sua mãe, e também seu amigo Léon e esposa. Sempre que ele pensava no assunto, enchia-se de vergonha, pois sabia que havia utilizado os laços sagrados do matrimônio para obter facilidades materiais, e aprendera com muito sofrimento o real valor da união entre dois seres.

"O casamento, amigo Cândido, vai muito além das convenções sociais e da satisfação das paixões egoísticas. Quando dois espíritos se unem na caminhada terrena, cada um tem a missão de amparar a caminhada evolutiva do outro, entendendo que cada decisão tomada pode ser crucial para a missão do seu companheiro na Terra. É grande a responsabilidade daqueles que se unem nos laços matrimoniais. São muitos os relatos de espíritos que recaem em abismos terríveis por não haverem encontrado o apoio e a compreensão do outro em sua jornada de crescimento. Antes de sermos homem ou mulher, somos espíritos e devemos olhar nossos cônjuges como companheiros de lutas espirituais, respeitando sua individualidade e autonomia", dissera Léon certa vez.

Cândido sempre se lembrava das palavras do estimado amigo. "Será ainda possível encontrar alguém com quem possa compartilhar minhas lutas terrenas?", perguntou-se. "Talvez não. É bem provável que eu não seja merecedor de tal dádiva."

Lembrou-se de Ametista, e de como ele a desrespeitara como mulher e como companheira espiritual ao casar-se com ela por interesse. Apesar da índole difícil da esposa, ele deveria ter entendido que ela era a maior necessitada naquela união. Suas atitudes nocivas escondiam apenas uma alma cheia de medo. Era uma irmã no engano, que seu coração jovem e leviano não soube reconhecer. Quando ele se lembrava da esposa morta, seu peito enchia-se de remorso, e nesses momentos fazia uma emocionada oração para ela:

"Ametista, onde quer que esteja, quero que saiba que vibro a todo instante para que encontre um pouco de paz e serenidade. Muito foi o meu aprendizado desde o último dia em que nos vimos. Sou um novo homem. Sementes de luz caíram sobre minha cabeça e vivo rodeado de paz. Rogo ao Pai que também a encontre. Esqueça os rancores e as mágoas do passado. Devemos sempre olhar o futuro. Nosso filho cresce a cada dia e em breve será um rapaz cheio de vida. Os olhos dele têm a mesma cor dos seus, com a única diferença que eles são cheios de doçura. Doçura essa que gostaria que também aprendesse a exprimir nos seus. É sempre tempo de renovação, minha amiga espiritual. Nossos caminhos se cruzaram de maneira pouco convencional e experimentamos muitas tristezas em nossos últimos dias de convivência. Peço que esqueça tudo e entenda que, se nos encontramos ainda equivocados em nossas atitudes, esse encontro nos rendeu um fruto em forma de linda criatura. Que o nosso filho seja a bandeira branca hasteada entre nós, chamando-nos à paz. Rogo aos espíritos de luz que a acolham em seus braços e lhe façam ver as maravilhas que o perdão pode fazer na alma. Muita luz, irmã. Que Deus a abençoe sempre."

Cândido terminou a oração com o rosto banhado de lágrimas. Lágrimas abençoadas que inundam de paz os corações em arrependimento. Naquele momento, a empregada da casa bateu à porta da biblioteca onde ele se encontrava.

- Pode entrar, Marlene - disse Cândido, enxugando as lágrimas.

Marlene, uma senhora de aparência amável, era o braço direito de Cândido na casa, desdobrando-se entre os afazeres da cozinha, da casa e principalmente nos cuidados com Théodore.

- Tem uma senhora na porta que deseja falar com o senhor.

- Falar comigo? Tem certeza, Marlene? Conheço poucas pessoas na cidade e não me lembro de ter marcado nenhuma visita.

- Sim, senhor. Ela disse que queria falar com o "senhor Cândido", e que é sobre o texto publicado em uma revista.

- Ah, sim! O texto que foi publicado algumas semanas atrás. Por favor, faça-a entrar, Marlene. Descerei em um instante.

Cândido foi até o banheiro e lavou o rosto, buscando recompor-se das emoções sentidas durante a oração. Ele estava curioso. Léon o advertira sobre a repercussão dos textos traduzidos, e os espíritos haviam informado que em breve ele teria companhia no trabalho. Só não esperava que fosse tão rápido. "Espero somente que seja uma companhia benéfica, e não um combatente da doutrina", pensou ao dirigir-se para a sala principal da casa.

Uma mulher de aproximadamente 40 anos levantou-se assim que ele entrou na sala.

- Bom dia. Senhor Cândido? - perguntou a mulher, estendendo-lhe a mão.

- Sim - ele respondeu.

- Me chamo Eugênia e trabalho como jornalista na Tribuna do Rio de Janeiro. Peço perdão pelo inconveniente de vir até sua casa sem avisá-lo, mas não encontrei outro endereço além de sua residência.

- Não precisa se desculpar. Você disse "jornalista"?

- Sim. Escrevo para o jornal. Sei que não é muito comum mulheres trabalhando no meio de homens, mas posso lhe assegurar de que minha experiência...

- Não, não quis dizer isso. Não estranhei o fato de uma mulher trabalhar em um jornal. Na Europa isso vem se tornando cada vez mais comum. Estranhei, na verdade, o interesse de uma jornalista por minha pessoa.

- Ah, sim. Claro - respondeu a mulher, surpresa. Estava tão acostumada a encontrar a resistência dos homens em seu ambiente de trabalho que a observação sincera dele a desconcertara. - Bem, o motivo da minha visita é o texto que o senhor publicou recentemente no jornal concorrente.

- Sim, claro. O texto.

- Um texto que, entre outras coisas, fala sobre o seu trabalho de tradução de obras filosóficas e religiosas oriundas da Europa.

- Sim, exatamente.

- O conteúdo é fascinante. Fiquei impressionada com

a lógica lúcida e precisa da união entre filosofia, ciência e religião.

- Vejo que estudou bem o assunto.

- Como eu disse, achei fascinante. Se tudo o que vem traduzindo tiver o mesmo teor e qualidade do que li naquele texto, não será muito difícil conseguir a publicação desses livros.

- Acha mesmo?

- Tenho convicção. Na verdade, foi por isso que fui enviada até aqui. Se a avaliação da obra pelos nossos redatores for positiva, nosso jornal tem grande interesse em publicá-la e também em dar um espaço para que o senhor escreva sobre o tema em nosso periódico.

- Isso seria fantástico.

- Existe somente uma dúvida sobre o material em que trabalha. Dúvida de grande importância, eu diria.

- Que dúvida seria?

- O senhor informou no texto que um escritor francês redigiu as obras, mas que não é dele a autoria.

- Exatamente.

- Bem... isso é um pouco delicado... - a mulher parecia hesitar antes de fazer a pergunta. Abriu sua bolsa e dela retirou o periódico onde fora publicado o texto de Cândido que a trouxera até ali.

- Por favor, continue - pediu Cândido.

- Certamente. Continuarei - disse ela, abrindo a página onde estava o artigo -, aqui, no final do artigo, o senhor informa que todos os textos, inclusive os livros que está traduzindo, são de autoria... Vou usar suas palavras, "dos irmãos espirituais".

- Isso mesmo.

A mulher o olhava intrigada.

- Quando o senhor diz "irmãos espirituais", refere-se por acaso a um grupo de escritores ou filósofos que assim se denominam? Uma espécie de confraria literária?

Cândido sorriu.

- De certa forma, sim.

- Por favor, mate a curiosidade desta jornalista. Seja mais objetivo.

- Sim, a autoria dos textos é dos irmãos espirituais. E, sim, é um grupo que se reúne para juntos realizar a obra de um novo evangelho...

- Mas? - perguntou a mulher.

- Quando digo que são irmãos espirituais, quero dizer que compartilham as mesmas aspirações filosóficas, mas também que são realmente irmãos espirituais.

- Quer dizer que são espíritos? Espíritos de verdade?

- Sim.

A mulher o olhava incrédula.

- Quando diz espíritos, o senhor entende que está falando de gente morta, senhor Cândido? - ela perguntou, parecendo perder a paciência.

- É um ponto de vista.

- O senhor afirma que todos os textos e também os livros que vem traduzindo são obras de almas penadas?

Cândido sorriu mais uma vez, demonstrando paciência e simpatia.

- Não se trata de almas sofredoras, e sim de irmãos com inteligência e valores morais acima da média, que estão reunidos para realizar um importante trabalho.

- O senhor afirma que recebe instrução dos espíritos para escrever seus textos?

- Não. Até o momento eu apenas traduzo o que foi escrito por eles através do senhor Léon Denis, que foi citado no artigo. Mas já me foi informado que em breve estarei apto a escrever eu mesmo as linhas que serão enviadas por nossos colaboradores espirituais.

- Perdoe-me a confusão mental, senhor Cândido, e também a minha ousadia. Com tais argumentos, será muito difícil convencer os leitores de que isso tudo não passa de estratégia para chamar atenção para suas obras. Muitos escritores utilizaram pseudônimos extravagantes com o mesmo intuito.

- Estou ciente de que tal assunto será alvo de muitas especulações, senhora Eugênia. Mas estamos preparados para isso.

- Quando o senhor diz "estamos", mais uma vez refere-se aos espíritos?

- Sim.

- O senhor então fala com eles frequentemente?

- Sim. Mas não da forma como estamos falando agora.

- E de que forma seria?

- É mais sutil que a palavra.

- Ainda não entendi.

- Senhora Eugênia, a senhora faz orações, não faz?

- Não sei que relevância isso pode ter...

- Por favor, responda.

- Sim. Sou católica praticante, como a maioria...

- E no momento da oração, no momento em que realiza o ato de contrição em que sua alma se liga a Deus, a senhora não sente muitas vezes uma resposta para suas perguntas, em forma de acalento no coração?

- Sim. Mas isso é uma sensação que a fé nos traz. Não poderia dizer que ouço vozes me respondendo as questões que me vêm à cabeça.

- A Bíblia mesmo diz que Deus fala aos homens de diferentes maneiras...

- Sim, mas, exceto as religiões africanas e similares, que dizem conversar com deuses, nossa fé cristã não admite a comunicação com os seres que já se foram.

- Não acho que não admita, mas apenas que decidiu não abordar o assunto.

- Acredita que, na igreja católica, se sabe que os espíritos podem se comunicar, mas simplesmente se decidiu não falar sobre o assunto?

- Não posso julgar as religiões há tanto tempo estabelecidas. Digo apenas que, a cada período, no momento justo, novas verdades surgem para que a humanidade evolua. A igreja mesma fala sobre a existência da divina trindade, reconhecendo a existência de Pai, filho e espírito santo. O espiritismo apenas vem desenvolver com maior detalhe as discussões sobre a existência dos espíritos e como eles comungam da companhia dos homens.

- Desculpe-me, senhor Cândido, mas tudo isso me parece muito fantasioso. E é uma pena, pois...

- Uma pena?

- Sim, porque o texto que li tem incrível eloquência e valores filosóficos que só encontrei nas linhas dos grandes pensadores, como Platão e Sócrates.

- Pois eu afirmo que eles continuam pensando, senhora Eugênia.

A mulher impacientou-se.

- Vai me dizer então que pensadores como Kant, Pascal, entre outros, poderiam enviar dos céus material didático para a humanidade, senhor Cândido?

- Não só eles como todos os que colaboraram no passado de forma significativa para evolução dos mundos. Religiosos, missionários, cientistas. Todos reunidos na construção de uma nova vertente de conhecimento.

- Impressionante... - comentou a mulher.

- Não é mesmo?

- Não. Digo impressionante a sua convicção ao falar de tal assunto. O senhor acredita mesmo em tudo isso que afirma?

- Sim.

- E espera que todos nós também acreditemos?

- Não peço que acredite em minhas palavras, senhora Eugênia, apenas que analise o conteúdo do que tenho recebido. A senhora mesma comentou que achou lógica e inteligência no texto.

- Sim. Isso é verdade...

- Então, partindo do princípio de que um efeito inteligente vem de uma causa inteligente, convido-a a analisar, com a imparcialidade que sua profissão exige, todo o material que venho traduzindo. Se, ao final dessa análise, ainda ficar dúvidas sobre a existência dos irmãos espirituais, poderemos conversar sobre uma possível mudança na autoria das obras.

- Não digo que não acredito na existência de espíritos. Eu mesma possuo entes queridos que já se foram. Apenas não acredito que eles possam se organizar a ponto de produzir livros.

- O plano físico nada mais é do que uma cópia do plano espiritual. Se, com as limitações do corpo físico, conseguimos nos organizar de maneira até admirável, imagine o que os nossos irmãos que se encontram em maior liberdade de consciência podem fazer...

- Seria um universo muito complexo - comentou ela.

- Por isso a convido a desbravá-lo comigo. Sinto que sua perspicácia será de grande utilidade para a correção dos livros que iremos publicar.

- E essa é uma conclusão sua ou dos espíritos?

Cândido sorriu e lhe estendeu a mão.

- Minha, senhora Eugênia. Não preciso da ajuda dos espíritos para reconhecer uma mente arguta. Aceita minha proposta?

Eugênia olhou com firmeza os olhos daquele homem tão cheio de mistérios e enigmas. Sabia reconhecer os charlatões e aproveitadores. E aquele homem à sua frente certamente não era nenhuma das duas coisas, o que só a deixava mais intrigada. Ela aceitou a mão estendida e disse:

- Desafio aceito, senhor Cândido. Peço apenas que me responda uma última pergunta. A última pergunta de hoje, certamente...

- Claro.

- Por que escolheu se debruçar sobre tão difícil tema?

- Não fui eu que escolhi. Eles me escolheram.

- Mas o senhor poderia recusar...

- Claro. Eles respeitam sempre nosso livre-arbítrio.

- E então, por que aceitou?

- Bem, alguém tem que falar sobre o assunto.

Eugênia olhou-o mais uma vez, encontrando dessa vez a lucidez e a resignação que vira apenas na alma dos missionários.

- Muito bem, senhor Cândido. Virei aqui às tardes, se assim for conveniente para o senhor. Quero acompanhar de perto sua rotina de trabalho e ler cada linha que escrever.

- Como a senhora desejar.

- Agradeço mais uma vez por ter me recebido.

- Eu que agradeço o interesse pelo meu trabalho.

Eugênia pegou sua bolsa e dirigiu-se à porta de saída.

Cândido ficou um bom tempo refletindo sobre a conversa. Aquela mulher lhe imprimira significativa expressão na alma. Algo que ele não conseguia definir. Sentia que a engrenagem espiritual trabalhara para colocar à sua frente uma preciosa colaboradora. E, nesse momento, ele não se sentiu mais sozinho.

Na tarde seguinte, Eugênia voltou à casa de Cândido, conforme prometera. E assim o fez durante os meses que se seguiram.

Eugênia era uma mulher cheia de energia e, como Cândido observara na primeira conversa que tiveram, possuía uma mente muito aguçada. Suas observações e questionamentos, ao invés de intimidar, contribuíam muito para o trabalho de pesquisa de Cândido, que se desdobrava em estudar mais a fundo as obras que traduzia a fim de poder argumentar com tão inteligente criatura.

Nada passava despercebido ao crivo da jornalista, que possuía a alma investigativa da profissão. Todas as tardes ela trazia novos dados sobre os assuntos abordados, fazendo com que as conversas dos dois fossem recheadas de pontuações relevantes e aprendizado.

Sem saber e por intermédio do plano espiritual, Eugênia se tornava colaboradora do trabalho de análise do material elucidativo vindo do Além. Sua imparcialidade, e até mesmo seu ceticismo, evitava que Cândido se deixasse levar pelos perigos da fascinação e da vaidade que um trabalho como o seu geralmente trazia. Com Eugênia ao seu lado, Cândido era mais vigilante e se esforçava para produzir com maior qualidade.

Passados oito meses dessa intensa e benéfica convivência, os dois além de colaboradores, tornaram-se também bons amigos, exercitando a simpatia natural dos espíritos afins.

Eugênia afeiçoara-se àquele homem tão solitário e tão determinado em seu trabalho. Afeiçoara-se também ao seu filho Théodore, que sempre os acompanhava no café da tarde, quando os dois estavam terminando as últimas anotações do trabalho do dia. O menino ficava radiante quando, ao chegar da escola, encontrava Eugênia. E era comum que os três compartilhassem momentos de alegria e intimidade sentados à mesa do café. Marlene, que também simpatizava com Eugênia, via com alegria aquela mudança no panorama da casa, que agora era mais alegre e colorida.

- Agora sim, esse parece realmente um lar familiar - disse a empregada, enquanto servia o café para os três na mesa.

Cândido corou com a observação, olhando automaticamente para Eugênia. Ela também estava visivelmente envergonhada, mas mesmo assim retribuiu o olhar que ele lhe endereçava. Era um olhar doce, cheio de ternura.

Théodore sorriu para Marlene, como que agradecendo silenciosamente o comentário dela. Já era hora daqueles dois se declararem um para o outro, pensou ele, que, apesar de ainda estar entrando na adolescência, já entendia alguma coisa sobre os sentimentos do coração. E era óbvio que havia sentimento entre o seu pai e a jornalista. Os dois eram inseparáveis e, mesmo quando trabalhavam em mesas distintas, buscavam naturalmente a proximidade um do outro, mostrando que entre eles havia uma grande cumplicidade.

Seu pai nem se dava conta, mas seu rosto se iluminava

quando Eugênia chegava na casa, e mesmo quando ela não estava presente ele fazia questão de incluí-la nos assuntos domésticos. Théodore conclui que, após o comentário de Marlene, seria melhor que os dois ficassem sozinhos, para quem sabe, finalmente, conversarem sobre o que já estava claro para as pessoas que acompanhavam a amizade entre os dois. E assim, alegando que deveria estudar, dirigiu-se para o seu quarto.

Eugênia sentia que estava prestes a ter uma conversa importante para ela e para o homem à sua frente. Seu coração batia forte no peito. Viúva precocemente, havia se casado por imposição dos pais ainda muito jovem, não tendo jamais experimentado um sentimento real de afeição pelo seu esposo. Ele morrera poucos anos após o matrimônio, deixando-a sozinha e sem a companhia de um filho. Por isso ela se dedicara a ter um trabalho que não apenas a sustentasse, mas que também preenchesse seus dias.

Vez ou outra se permitia sonhar com a possibilidade de um grande amor, mas o trauma da experiência de ter vivido submissa a um homem extremamente machista e, que ainda por cima ela não amava, sempre falava mais alto, fazendo com que ela esquecesse tais pensamentos românticos.

Porém, naquele momento, ao olhar para aquele homem de semblante tão sereno, seu coração se enchia de paz. Ele era diferente de todos os homens que conhecera, de todos os que ela tivera que combater para que não a submetessem às suas vontades. Cândido era um homem de alma nobre. Em todos esses meses em que trabalharam juntos, ela jamais ouvira uma palavra de preconceito ou que a diminuísse em sua condição de mulher. Ele ouvia os seus argumentos e ponderações com muito respeito e consideração. Ao lado dele, ela se sentia valorizada não apenas como mulher, mas principalmente como pessoa, ou, como ele costumava dizer, "como espírito". E era isso que a encantava. Ele a olhava antes de tudo como um ser com potencialidades e particularidades. Era ao mesmo tempo reconfortante e encorajador conviver com ele. Além disso, ela era grata pelo universo que ele desvendara diante dos seus olhos. O espiritismo, assim como as qualidades de Cândido, tocavam-lhe profundamente a alma.

Durante aqueles meses, ela se deparara dia a dia com confirmações incontestes da comunicação inteligente dos espíritos. Ela sabia que estava modificada intimamente, e isso ela devia também àquele homem que tão gentilmente a recebera em sua casa, quando ela ainda era apenas uma cética combatente de suas ideias.

Cândido, vendo que Eugênia estava em silêncio, entregue aos seus pensamentos, preocupou-se achando que o comentário de Marlene a havia incomodado e decidiu falar:

- Eugênia, peço desculpas se Marlene foi...

- Não - interrompeu Eugênia bruscamente.

- Não? - perguntou Cândido preocupado.

- Desculpe-me. Quero dizer que não deve pedir desculpas. Afinal, Marlene não falou nenhum absurdo. É bem verdade que nos últimos meses mais parecemos uma família.

O coração de Cândido encheu-se de esperança, o que lhe deu coragem de perguntar:

- E isso a deixa feliz?

Eugênia olhou para ele, respirou fundo e disse:

- Antes de responder sua pergunta, quero finalizar o meu trabalho de análise, que, como sabe, deve ser totalmente imparcial. Digo, sem influências externas ou emocionais.

Cândido aquiesceu. Ele sempre admirava a firmeza daquela mulher.

- Claro. Como quiser.

- Muito bem. Por sinal já vinha finalizando o meu trabalho há algumas semanas. Acredito que seja um bom momento para expor a minha opinião final.

- Estou ouvindo - disse Cândido com delicadeza.

- Foram meses de intenso trabalho e pesquisa. Você bem sabe que esse trabalho não se limitou somente às tardes que passei aqui, mas também se estendeu durante outras horas dos meus dias. Fiz uma minuciosa pesquisa de campo. Conversei com historiadores, filósofos, colegas jornalistas, médicos e até mesmo cientistas. Todos eles examinaram os textos, sem saber, claro, que se tratava de obras de autoria espiritual. E todos eles foram unânimes em afirmar a grande qualidade e relevância dos textos, tanto para a literatura quanto para a religião e a ciência. Fiz também uma grande pesquisa nas casas espiritualistas e ritualísticas. Mergulhei nas manifestações do candomblé, e também na filosofia budista, indiana e taoísta.

- E qual é o seu parecer final?

- O meu parecer final é de que, ou estamos todos malucos, vítimas de uma fortíssima sugestão coletiva, ou o espiritismo é realmente uma síntese de várias religiões, filosofia e conceitos científicos, vindos de uma ordem espiritual de elevada ética e inteligência.

- E em qual das duas hipóteses acredita realmente?

- Bom, não creio que nós dois, bem como o seu amigo Léon, além de todos os outros que entrevistei, sejamos pessoas passíveis de uma histeria hipnótica.

- Então acredita?

- Acredito que teremos problemas.

- Por quê?

- Porque a partir de hoje lutarei ao seu lado para que cada letra que traduz e que vier a escrever seja publicada e disseminada pelos quatro cantos desse nosso imenso país.

Os olhos de Cândido encheram-se de lágrimas. Era emocionante ver que a doutrina que seguia tocava a cada dia um número maior de pessoas. Era reconfortante e também um alívio, pois, ao ver mais um companheiro engrossando a fileira de lutas, se sentia menos sozinho.

- E sim - disse Eugênia interrompendo os pensamentos dele.

- Sim o quê?

- Sim. Isso me deixa muito feliz.

- Porque finalmente crê no espiritismo?

- Também, mas me refiro ao fato de parecermos uma família. Isso me deixa muito feliz, Cândido - respondeu Eugênia tomando-lhe as mãos.

Cândido sorriu maravilhado com as palavras daquela doce criatura à sua frente.

- Peço apenas que tenha paciência, pois não tenho muita prática com as coisas do coração - pediu ela.

- Eu tampouco, mas aprenderemos juntos - ele respondeu emocionado.

Os dois permaneceram um bom tempo de mãos dadas e em silêncio, deixando apenas que a luz que brilhava nos olhos de ambos traduzisse a alegria que lhes transbordava no peito.

Um ano após essa noite, Cândido, com a ajuda incansável de Eugênia, conseguira publicar a primeira obra do seu estimado amigo Léon no Brasil. Na noite de lançamento do livro ele aproveitou para fazer o pedido de casamento a Eugênia, algo que já vinha planejando havia algum tempo.

A casa de Cândido, e agora também de Eugênia, enchia-se cada vez mais de luz. Era grande o intercâmbio espiritual naquele lar de bênçãos, e não demorou para que Cândido iniciasse, seguindo os moldes que aprendera com Léon, a realizar reuniões espíritas ali, visto que a visitação de médiuns era grande após o lançamento da obra. Não demorou muito também para que Cândido iniciasse, com a ajuda dos irmãos da mesa, a psicografar textos, conforme a espiritualidade previra quando ele ainda estava em Paris.

Desse modo, com o passar dos anos, o grupo psicografou e produziu muitos textos. E foi apenas uma questão de tempo para que os estudos se expandissem cada vez mais, exigindo uma sede tanto para a produção dos textos quanto para as reuniões espirituais, cujo público e os colaboradores aumentavam a cada dia.

Foi assim que o casal, àquela altura muito conhecido e respeitado no meio espírita que começava a se articular na cidade, fundou uma casa espírita, que se tornaria importante centro de estudo e formação de médiuns e colaboradores da espiritualidade.

Léon havia desencarnado pouco antes da inauguração da casa e, do plano espiritual, continuou acompanhando, desta vez ainda mais de perto, os trabalhos do aluno que tanto amava.

***

Dez anos se passaram e as atividades do casal se tornaram cada vez mais produtivas. Foram muitas as dificuldades enfrentadas durantes esses anos, mas Cândido permanecia firme em seu propósito, contando sempre com a ajuda devotada de Eugênia.

Théodore cresceu e se tornou um rapaz cheio de virtudes. Virtudes essas muito bem cultivadas por sua madrasta Eugênia, e também reflexo e mérito de seu espírito antigo. Théodore, para alegria de Cândido e Eugênia, se tornou um fiel colaborador dos trabalhos espíritas. Ele era um grande entusiasta dos trabalhos de caridade e, embora fosse avesso ao estudo de fenômenos mediúnicos, não deixava de acreditar nos preceitos da espiritualidade maior e em uma vida além daquela que ele conhecia.

Juntos, os três decidiram investir na criação de uma revista espírita, um periódico quinzenal onde seriam publicados os textos psicografados, bem como matérias sobre o avanço do espiritismo no país. Théodore decidiu também organizar, na casa espírita fundada pelo pai, um grupo de jovens visando a maior comunhão e troca de ensinamentos, através de músicas e linguagem mais jovem e acessível. E nesse ambiente ele se aproximou mais de Maria das Dores, uma moça de boa família que frequentava as reuniões mediúnicas e os grupos de estudo do centro espírita, e que Théodore conhecia desde pequena. A alegria de Cândido e Eugênia foi grande quando o rapaz, após dois anos de namoro, decidiu pedir a moça em casamento. Apesar das famílias espíritas, eles se casaram na igreja; a doutrina ainda se difundia de forma tímida na época.

Cândido comprou uma casa para os recém-casados na mesma rua que a sua. A mesma rua em que também funcionava a casa espírita.

- Assim, ficaremos todos juntos, e principalmente ficaremos perto do trabalho onde somos cada vez mais necessários, visto que o número de frequentadores da casa só cresce - disse Cândido ao filho, em uma das visitas do casal.

Eugênia, que vinha da cozinha trazendo nas mãos uma travessa com o prato principal do jantar, não pôde deixar de comentar:

- E assim também temos o nosso filho bem perto de nós. Ah, e a filha que acabamos de ganhar também!

Os jovens riram da observação dos dois.

Após o jantar, Cândido chamou o filho à biblioteca, pois queria pedir sua opinião sobre um texto que psicografara naquela tarde. Ele sempre tinha o cuidado de submeter as mensagens que recebia à análise tanto do filho quanto de Eugênia, e também de outros colaboradores da casa espírita. Era uma forma que ele encontrara de evitar propagar sugestões improdutivas ou até mesmo de ser vítima de fascinação.

Eugênia e Maria das Dores sentaram-se nas cadeiras da sala e puseram-se a falar de amenidades.

Maria era uma jovem amável, mas Eugênia notava que vez ou outra ela se deixava embalar por uma visível melancolia. Naquela noite ela estava particularmente silenciosa.

- Está tudo bem, minha querida? - perguntou Eugênia. - Você me parece um pouco triste.

- Não estou triste. Está tudo bem, sim - respondeu a moça.

- Como vai a vida de casada? Théodore tem sido...

- Ele é um marido adorável. É muito respeitador e me enche de mimos. Às vezes nem sei o que fiz para merecer tamanha felicidade de ter alguém como ele ao meu lado.

- Fico feliz em saber. Me perdoe se pareço insistente, mas, se tudo está indo tão bem, porque então me parece tão triste?

- Ah, não repare, senhora Eugênia. Sou assim desde criança. Nasci em uma família simples, mas que sempre me cercou de todo o amor e carinho. Nada me faltou nessa vida, mas mesmo assim muitas vezes me vejo mergulhada em uma tristeza que não sei explicar.

- Seus pais já a levaram ao médico para investigar a causa disso?

- Sim. E eles nada descobriram. Tenho a saúde perfeita. É que às vezes...

- Às vezes? Pode conversar comigo, Maria - disse Eugênia, tomando a mão da moça entre as suas.

- Não sei explicar direito. Às vezes sinto que toda essa felicidade irá desaparecer. Parece que sinto que não sou digna de tudo isso. A impressão que tenho é que estou prestes a partir a qualquer momento, deixando todas as pessoas que amo.

- Mas partir para onde?

- Não sei... Realmente não sei. Asseguro-lhe que não tenho a intenção de ir a lugar nenhum. Esse pensamento não é algo que cultivo. Ele simplesmente me vem à cabeça em muitos momentos.

- Entendo. Vocês têm feito o Evangelho em casa?

- Sim. Todas as segundas. Théodore diz que assim começamos bem a semana.

Eugênia sorriu.

- Sim. É também o dia em que fazemos o Evangelho aqui em casa. E Théodore sempre nos acompanhou.

- Ele é muito dedicado. Tenho aprendido tanto com ele!

- Sim. É um rapaz adorável.

- É mesmo. E por isso lhe peço que não se preocupe com o meu estado e que também não comente nada com ele. Desde que nos casamos tenho evitado ficar triste para não influenciá-lo, visto que ele está sempre alegre e que essa alegria é tão necessária nos trabalhos de atendimento aos necessitados que ele realiza na casa espírita.

- Pode deixar. Mas lembre-se de que você pode recorrer a mim sempre que precisar.

- Eu sei. E agradeço muito seu carinho.

- Não agradeça. Você agora é da família. E temos que cuidar uns dos outros. Vou pedir para colocarem o seu nome nos trabalhos de vibrações, tudo bem?

- Tudo bem.

- Agora vamos interromper esses dois, porque, se deixarmos, a conversa deles vai atravessar a madrugada - disse Eugênia levantando-se e puxando a nora pela mão em direção da biblioteca.

Passados alguns meses, Maria das Dores descobriu-se grávida. Foi grande a alegria e a comoção na sua nova família. Théodore sempre sonhara em ser pai. Eugênia, que nunca tivera filhos, apesar de ter ajudado a criar Théodore, sonhava com a alegria de um bebê em casa. Cândido também estava radiante.

- Um nascimento na família é sempre uma dádiva. É sempre uma nova chance de felicidade que Deus nos dá. Cada criança que nasce é como se fosse um arco-íris, símbolo de uma nova aliança entre Deus e os homens, que nos diz que ainda há esperança - disse emocionado o patriarca da família.

A gravidez de Maria das Dores transcorreu com tranquilidade e, em uma ensolarada manhã de domingo, ela se dirigia com o marido ao hospital da região para dar à luz.

Théodore estava na sala de espera do hospital quando seus pais chegaram. Eugênia carregava uma grande cesta de vime cheia de pequenas almofadas e mantas decoradas com adornos de renda.

- Este é o transporte do nosso netinho. O seu primeiro bercinho neste mundo - disse Eugênia com lágrimas nos olhos.

E, vendo que Cândido também estava emocionado, Théodore abraçou os dois. Os três ficaram ali durante toda a manhã, conversando e fazendo planos para os primeiros dias da tão esperada criaturinha.

Cerca de uma hora da tarde, Théodore foi chamado pelo médico responsável pelo parto. Seus pais queriam acompanhá-lo, mas o médico pediu que apenas o pai o seguisse.

- Não entendo por que eu não pude acompanhar nosso filho, Eugênia. Ele ainda é tão novo para cuidar de tudo sozinho...

- Ele já é um homem, querido. Com certeza o médico quis preservar esse primeiro momento apenas para o casal. Vamos aguardar que chegará nossa hora de abraçar nosso netinho.

- Eu também não vejo a hora de abraçar essa criança! - disse uma senhora que entrava na sala, acompanhada de um homem. Eram os pais de Maria das Dores que chegavam, também cheios de presentes para a criança e para a filha.

- Ah! Que bom que chegaram! Estávamos aflitos. Théodore foi chamado pelo médico e até agora não sabemos se o bebê nasceu - disse Eugênia abraçando a amiga.

Cândido também abraçava o amigo.

- Veja só que reunião de família, não? Será que já passamos por isso em outras encarnações? - disse Cândido rindo animado.

- Ah, com certeza sim. Sempre que estamos na companhia de vocês experimentamos grande alegria e acolhimento - respondeu o pai de Maria das Dores.

- Então deve ter sido também um encontro feliz aquele que tivemos no passado. E agora a espiritualidade nos presenteia com uma criança para fortalecer nossos laços de amizade.

- Eu fico emocionada sempre que penso nisso. Fico lembrando do tempo em que Maria das Dores e Théodore costumavam brincar juntos, quando ainda eram crianças, enquanto realizávamos o estudo da doutrina. Ao observá-los, sempre vibrei para que os dois crescessem sob a luz de nossa filosofia e na companhia e proteção um do outro. E assim se fez! E agora está chegando ao mundo uma criança, fruto dessa união! Eu não poderia estar mais feliz.

Eugênia abraçou a senhora, que tinha lágrimas de abençoada emoção nos olhos

- Desculpem essa velha boba. Essas ocasiões sempre me comovem. Depois, Maria é nossa única filha, e até pouco tempo ela era apenas uma menininha. Eugênia, fui hoje a uma loja comprar um vestido para sua saída da maternidade e tive que ser ajudada pela vendedora, senão teria comprado um vestido de criança - disse a senhora, enxugando as lágrimas e tirando de dentro do embrulho um lindo vestido branco bordado com delicadas flores de renda.

- Deixe-me ver! - disse Eugênia. - É realmente lindo! Nossa Maria vai ficar esplêndida nele.

- Sim. Trouxe também um xale do mesmo tom do vestido, para que ela possa pôr sobre os ombros...

Os quatro estavam entretidos nessa deliciosa fraternidade familiar quando Théodore surgiu no corredor com uma criança no colo. Seu rosto trazia uma grande emoção, e seus olhos estavam vermelhos, denunciando que derramara muitas lágrimas.

A família não conseguiu conter a emoção ao ver o rostinho que despontava no meio da manta que o envolvia.

- Ah! Vejam que coisa mais linda!

- É uma linda menina, não é isso, Théodore? - perguntou-lhe a sogra.

- Sim... Uma menina... - balbuciou ele. Seus olhos perdidos em um lugar distante.

- Veja, Eugênia! Mais uma mulher no mundo! - disse Cândido.

- Que Deus a abençoe! - exclamou Eugênia.

- É, meu amigo, mais uma mulher para nós obedecermos, não é? - brincou o pai de Maria, abraçando Cândido.

- Sim. E há alguém melhor a quem servir? - respondeu Cândido, entrando na brincadeira.

As mulheres sorriram. Os quatro avós, encantados com aquela nova criaturinha à sua frente, demoraram a perceber o estado de Théodore. Foi Cândido que, após alguns segundos, observando o filho, decidiu perguntar?

- Filho, mas o que você tem? Está tão emocionado assim?

- Pai...

Ao ouvir o tom da voz de Théodore, todos se viraram para ele, preocupados.

- O que houve, meu filho? - perguntou Eugênia.

- Maria...

- O que aconteceu com minha filha? - perguntou a mãe da jovem.

O rapaz olhou para o pai, seus olhos cheios de dor. Seu olhar era um pedido desesperado de socorro.

- Pai...

Cândido fechou os olhos por alguns minutos, pedindo aos céus para suportar o que iria ouvir. Aproximou-se do filho e, percebendo que ele estava prestes a ter uma crise nervosa, segurou-lhe os ombros com firmeza.

- Filho! Acalme-se, por favor. Diga-nos o que aconteceu.

O jovem olhava para o pai ainda com o mesmo olhar, que despedaçava o coração paterno.

- Maria... Ela não resistiu, pai... O médico disse que ela estava muito fraca... uma hemorragia... Ah, pai! Que dor essa que sinto!

- Onde está minha filha, Théodore? - gritou a senhora.

O rapaz olhou para ela, as lágrimas não paravam de brotar em seus olhos.

- Ela não conseguiu resistir. Eu sinto muito...

"Você veio me buscar?"

NAQUELA FRIA SALA de espera do hospital, Cândido abraçou o filho, que soluçava desconsolado. Era muito doloroso para ele ver seu filho experimentando tamanha dor. Desejou que ele fosse pequeno novamente. Queria transportá-lo para o tempo em que seu choro era facilmente consolado com brinquedos e com a realização de algum simples desejo infantil.

Lembrou-se de como ele costumava ir até seu quarto pedindo para deitar-se em sua cama, pois não conseguia dormir. Todo o medo do seu filho era resolvido com apenas um abraço aconchegante. Agora, ele via que isso não era mais suficiente. Nada do que ele fizesse poderia acabar com a dor que ele sentia agora.

Cândido pediu aos espíritos amigos que o ajudassem naquele momento. Que enviassem ao seu filho a força e a resignação necessárias para atravessar aquele momento. E usando seu corpo como instrumento de transporte das energias benéficas do Alto, ele demorou-se longamente naquele abraço de amor. Sentindo que aos poucos ele se acalmava, rogou aos protetores de luz que estendessem também aquela energia aos familiares presentes naquela sala. Aos poucos as exclamações e soluços foram diminuindo, e o ambiente, que estava para transformar-se em um lugar de revolta, cedia espaço a uma tristeza serena, a dos corações conscientes de que a vida não cessa com a morte.

A família ainda teve que permanecer no hospital durante toda a tarde. A criança deveria ficar na maternidade por mais alguns dias, e também havia providências a tomar quanto ao corpo de Maria das Dores.

Todos estavam calmos, apesar da tristeza que carregavam em seus corações. Os cinco se revezavam em distribuir entre si palavras de conforto e carinho.

Eugênia sentiu vontade de ler algumas palavras do Evangelho e pediu que todos a acompanhassem. Após a leitura de um trecho e uma comovida oração, os cinco ficaram sentados nas cadeiras da sala de espera do hospital. Cada um deles entregue aos seus pensamentos.

Nesse momento, Eugênia, através de sua singular sensibilidade mediúnica (que nela se desenvolvera), pôde ver que entrava no ambiente um grupo de médicos do plano espiritual. Observou que a sala se expandia significativamente, como se de repente aquele pequeno recinto se transformasse em um enorme auditório de palestras. Viu que os familiares das pessoas internadas estavam ali presentes, embora desdobrados. Assim como também estavam presentes os enfermos daquele lugar. Aos poucos, eles se organizaram em pequenas cadeiras brancas, esperando que a palestra começasse.

Eugênia, tentando entender o significado daquela visão, rogou ao seu mentor que lhe explicasse o que se passava. O que ele prontamente atendeu, informando que se tratava de uma atividade de rotina do plano espiritual nos hospitais terrestres. Os dois iniciaram então uma elucidativa conversa mental.

- O hospital é a grande arena de reconciliação da humanidade. Aqui os encarnados sensibilizados pela dor encontram maior facilidade para absorver os ensinamentos sobre a vida e a morte. Esses amigos do bem atuam não apenas conduzindo a mão dos médicos, mas também na condução das almas que daqui se preparam para ingressar no novo plano. Eles ajudam também as famílias a se fortalecerem para enfrentar os momentos críticos que toda perda traz. O aproveitamento dessa forma é geral.

Eugênia estava impressionada com a dilatação do ambiente e também com o número de pessoas presentes.

- Alguns desses já desencarnaram? - perguntou ela ao mentor.

- Muitos deles. E os que ainda não conseguiram se desvencilhar do corpo físico, ouvem da mesma forma as palavras aqui proferidas.

- Mas como?

- Através da energia do pensamento. Mesmo em estado letárgico eles sentem as impressões e vibrações que lhes são enviadas. Agora peço que se concentre. O palestrante da noite acaba de chegar, e o tema da explanação é muito propício e providencial.

Eugênia viu que um senhor de aparência serena entrava no ambiente e saudava a todos.

"Queridos irmãos, é sempre doloroso para qualquer pessoa perder um ente querido. E para os espíritas a dor não é diferente. A diferença é que, para os que comungam da real consciência da vida após a morte (e de que aos seus filhos o Pai não impõe injustiça), o desespero não lhes ocupa tão profundamente a alma. Desse modo, as lamentações inúteis, e que só agravariam o estado daquele que partiu, dão lugar a uma reflexão serena sobre os desígnios do Criador. A resignação, nessas horas, é exercício árduo, mas que se faz necessário para o conforto de todos. Um espírito que estuda e reconhece a perfeição das obras do Pai não se entrega às correntes de uma saudade esmagadora. Com muito esforço e contando com o salutar elixir do tempo, ele consegue transformar a saudade em uma sutil nostalgia trocando as lembranças dos momentos difíceis pelas recordações das comunhões felizes experimentadas junto aos viajantes que partiram.

"Ah! Se os encarnados soubessem, a dificuldade que a espiritualidade enfrenta para atender a todos nesses momentos que antecedem a morte do corpo físico! Os espíritos responsáveis pelo corte dos laços que unem o espírito encarnado à matéria sofrem todo tipo de dificuldade ao realizar essa delicada atividade, pois há sempre os dardos energéticos de dor e apego lançados pelos parentes, o que dificulta deveras o desenlace. Sofrem também para realizar suas rotinas os espíritos responsáveis por desligar os laços mais densos que unem cada parente ao recém-desencarnado.

"Nem bem se aproximam de cada familiar e sentem as pesadas rajadas de sofrimento, oriundas na maioria das vezes não do pesar pelo que parte, mas sim do próprio egoísmo.

"- *Eu* não posso ficar sem ele - diz a esposa aflita.

"- *Eu* não vou suportar essa dor! - exclama a mãe desesperada.

"- *Eu* também desejo morrer! - anuncia o filho transtornado.

"Como é difícil para os irmãos tarefeiros do bem realizar o translado dos viajantes. Eles observam com pesar que o que mais se ouve nos corredores dos velórios é a palavra *eu*. Surpreendem-se ao ver o quanto o egoísmo ainda impera no coração dos homens, e também quanta falta de conhecimento da vida.

"Se eles se interessassem mais pelas coisas do espírito e deixassem de se ocupar apenas da matéria, veriam que há tanta vida a ser descoberta. Ah, os homens só temem a morte porque amam as coisas sem vida e a elas se apegam com mórbida emoção! A morte só é temida por eles porque desconhecem o que há por trás dos portais do além-morte. Só é dolorosa a chegada desse momento porque eles nada sabem e nada buscam saber do que é feito o plano espiritual. Eles sofrem porque na verdade o que morre ali não é o seu ente querido, mas sim seus desejos mundanos, seus caprichos e suas ilusões infrutíferas. E como eles temem viver sem esses apêndices que lhes sustentam tão equivocadamente a existência terrena! O homem se aterroriza com a morte porque, como não se preparou para outras realidades, ao se ver despido de suas vestes materiais e bens físicos, quando chega ao plano etéreo, sente-se desnorteado - não aprendeu a consultar, ainda na Terra, a preciosa bússola da espiritualidade. E do lado de cá nada valem seus mapas grosseiros cheios de estradas e atalhos perigosos. Ah, amigos na experiência da carne! Aprendam a construir em si as linhas meridianas da espiritualidade, que lhes orienta os passos na jornada entre os mundos. E eles são muitos, eu vos afirmo.

"Há ainda muitos mundos e muitas planícies a serem habitadas e experimentadas nos estágios necessários à evolução dos seres. Mas eu lhes digo que, enquanto ainda estiverem apegados a uma estrada de mão única, que, devido à sua cegueira material, se transforma em triste rua sem saída, não poderão jamais trilhar outras vias e percorrer a quilometragem cujo aprendizado lhes compete.

"Entendam, finalmente, que a morte nada mais é do que um rito de passagem. Um momento de breve despedida de um viajante que se transfere de um lugar para outro. Não pensem que é o nada que acolhe as almas que vocês tanto dizem amar. O vazio não existe e não há nada sem utilidade no universo do Criador. Antes sim há, nos mundos que não veem e que por isso denominam como limbos escuros, a atividade incessante da vida que pulula em extasiante labor. Milhares de moléculas e partículas atuam em intensa e perpétua comunhão e progresso. Afirmamos que há no mundo etéreo mais vida do que a pálida expressão de vida que cerca vocês, pois a Terra nada mais é do que uma cópia infiel dos mundos de luz do Criador.

"Afirmamos que após o que vocês chamam de *morte* há mais vida do que nunca! A morte verdadeira é aquela quando os espíritos partem da espiritualidade, seu lar natural, para adentrarem as moribundas realidades do mundo material. Não obstante, é esse mundo, hostil às vossas naturezas sutis, a preciosa escola de aprendizado e elevação tão necessária quanto redentora. Apesar da importância da reencarnação na matéria, podemos dizer que esta é a verdadeira morte, pois que o espírito parte de uma realidade para viver uma sub-realidade, que é a experiência física, considerando que o espírito, nessa condição, possui apenas frações de sua capacidade perceptiva. Animem-se, porém, pois que tudo isso é necessário para o seu adiantamento. Regozijem-se também na carne, pois é ela grande oportunidade ganha. Mas, sobretudo, considerem que a vida, a vida de verdade, acontece mesmo no plano espiritual. Ergam, portanto, ali os seus altares! Construam no mundo do Criador seus alicerces e edifiquem suas casas. É na vida além da vida que conhecem que devem elevar suas moradas, lembrando que, ali, seus adornos dourados não serão feitos de ouro e sim feitos do alinhavo laborioso de todos os seus atos de amor e caridade.

"E, sobretudo, amem! Amem seus irmãos e façam o bem. É a única maneira de adentrar o luminoso e pacífico mundo que lhes espera. Libertem-se dos laços da vaidade e do apego que lhes aprisionam a alma! Liberem-se das paixões mesquinhas e das correntes do egoísmo! Marchem em direção ao Alto esquecendo-se do que deixaram para trás, lembrando que do lado de cá não há bolsos nos vestuários nem gavetas nos mobiliários. Rompam sem medo as amarras que os prendem ao mundo físico, tendo a certeza de que a vida começa verdadeiramente após o que vocês chamam de morte!

"Que a paz de Jesus esteja sempre convosco."

Com o final da palestra, os espíritos que assistiam a ela aos poucos foram deixando o auditório. Os encarnados em desdobramento foram levados pelos voluntários espirituais de volta aos seus lugares de origem, os enfermos para seus leitos e os trabalhadores para seus lugares de trabalho.

Devemos lembrar que o tempo no plano espiritual é diferente do tempo na Terra. E, utilizando-se dessa vantagem, a espiritualidade consegue, sempre imbuída de objetivos nobres, intuir uma palestra ou um discurso proferido nas proximidades diretamente na mente dos encarnados. Os que se encontram acordados, que era o caso, aqui, dos trabalhadores do hospital e dos familiares que acompanhavam os enfermos, podem ser levados em espírito para as assembleias sem que para isso precisem adormecer. Eles têm apenas uma leve sensação de mergulho interior, como se se distraíssem por alguns segundos, e após essa sensação, descobrem-se com uma nova reflexão sobre um determinado assunto. Seria o que na Terra chamam de *insight*.

Como no exemplo de Eugênia, que após acompanhar a palestra e formular perguntas ao seu mentor, não esboçou uma reação de sono ou qualquer outra expressão estranha. Para quem a olhava, mesmo de perto, diria que ela estava apenas absorta em seus pensamentos. Cândido foi quem notou que a esposa estava nesse estado e lhe perguntou:

- Tudo bem, Eugênia?

Ela piscou algumas vezes, voltando à realidade em que se encontrava.

- Sim. Tudo bem. Preciso urgentemente de caneta e papel. Espero ter vocabulário para transcrever tudo o que acabei de ver e ouvir.

Cândido, ciente das faculdades mediúnicas de Eugênia, entendeu rapidamente o que ela queria dizer e levantou-se para solicitar papel e caneta à recepção do hospital.

Após alguns minutos escrevendo, Eugênia mostrou os papéis para o marido, que, após uma rápida avaliação, decidiu ler o texto para o resto da família, que experimentou grande comoção ao ouvir aquelas palavras de sabedoria e conforto.

- É realmente uma dádiva sermos presenteados com essas palavras em um momento como este. Sabemos realmente que a espiritualidade está sempre em nossa retaguarda - disse Cândido ao final da leitura.

- E é também um bom direcionamento, que nos diz que estamos no caminho certo. Acredito que o fato de estarmos receptivos e serenos em um momento como esse nos facilitou muito participar com tamanha clareza desse intercâmbio. Peço que continuemos nessa vibração de paz para que Maria saiba que, apesar de entristecidos, estamos vibrando para ela os nossos melhores sentimentos de amor e gratidão - disse Eugênia pegando amorosamente a mão da mãe da jovem recém-falecida e também do pai, enquanto Cândido aninhava o filho em seu colo.

O velório e o enterro de Maria das Dores aconteceram

no dia seguinte, mas Eugênia preferiu ficar no hospital ao lado da criança.

- Podem ir - ela disse. - Me despedirei da minha amiga depois.

E, ocupando uma confortável cadeira do quarto do hospital, ela pediu que a enfermeira trouxesse a recém-nascida para que ficasse um pouco com ela. A enfermeira trouxe a criança e a deixou sozinha com Eugênia.

A jornalista fitava com amor aquela criaturinha que mal nascera e já teria que lidar com um grande desafio. "Um filho sem mãe é como semente solta na ventania, sem terra para o acolher", pensou ela.

- Ah, minha menina... Saiba que nunca lhe faltará nada. Apesar da sua mãezinha não estar conosco, você terá sempre o amor da nossa família. Seu avô e eu estaremos sempre ao seu lado, amando-a incondicionalmente. E você contará também com o carinho e a devoção de seus avós maternos e, claro, com o amor do seu pai, que é um homem de bem e irá criá-la com muita ternura. Nada tema, minha pequena. O ninho em que você nasceu será para você um abrigo confortável e aconchegante. Nós amamos você - dizia Eugênia à menina, ciente de que, apesar da sua condição de recém-nascida, seu espírito antigo conseguia absorver a energia benéfica daquelas palavras.

Em outra ala do hospital, deitada em um leito, o espírito de Maria das Dores acordava em um grande torpor, sensação natural aos recém-desencarnados. Lembrava-se vagamente de tudo o que acontecera. Seus últimos momentos de encarnada vinham-lhe à cabeça como em *flashes* de imagens e frases desconexas. Lembrou-se de ter sido encaminhada sonolenta para um grande auditório, onde um homem dizia palavras de conforto e carinho a todos ali presentes. Lembrou-se também de ter visto Eugênia.

- Mas o que ela faria ali? - se perguntou. - Será que estava sonhando? É tudo tão confuso!

Sentou-se na cama levando as mãos à cabeça, tentando organizar seus pensamentos. Aos poucos foi se lembrando do teor da palestra que ouvira. Os temas vida, morte e espiritualidade apareciam vividamente em sua memória. Nesse momento, um enfermeiro de aparência plácida entrou no quarto.

- Bom dia, Maria das Dores. Fico feliz que tenha acordado. Como se sente?

A jovem olhou intrigada para ele e para o ambiente que a cercava. Tudo parecia igual ao hospital em que entrara para dar à luz, mas aquele enfermeiro não lhe era familiar.

- Me sinto bem, acho...

- Ficamos felizes por isso - sorriu o enfermeiro, colocando um copo com água na mesinha ao lado da cama.

Após alguns momentos observando o quarto, ela decidiu perguntar.

- Por que tudo, apesar de igual, me parece diferente? Me estranha...

- Não se preocupe com isso. Realmente tudo está diferente, e é natural na sua atual condição esse estranhamento.

- Minha atual condição?

- Sua condição de recuperação e renovação - respondeu-lhe o enfermeiro.

- Sei... Mas, sabe me dizer se o hospital conta com uma assembleia para palestras? Tenho a impressão de ter assistido a uma.

- Sim. Temos um grande espaço para palestras. Recebemos vários visitantes que, de passagem por esses lados, nos presenteiam com suas palavras de encorajamento.

- Por esses lados? Você quer dizer próximo à região do hospital?

O enfermeiro, percebendo que a paciente estava prestes a perceber a sua atual condição, decidiu esclarecer. Ele sentou-se ao lado da cama, pegou-lhe uma das mãos e, olhando-a com ternura, lhe disse:

- De certa forma sim. Mas quando digo "por esses lados" me refiro ao plano espiritual. É nele que estamos agora, Maria.

- Estamos no plano espiritual? Estou então desdobrada? Já estudei sobre esse fenômeno no grupo de estudos e...

- Não, Maria. Você não está desdobrada. Vamos, esforce-se um pouco e irá perceber melhor tudo à sua volta. Respire fundo que eu vou lhe ajudar - disse o enfermeiro, enquanto colocava sua destra sobre a fronte da jovem.

Com esse toque energético, a percepção de Maria foi ampliada e ela pôde ver-se claramente entrando no auditório de palestras, e lembrou-se de cada palavra proferida naquela reunião. As palavras daquele senhor tocaram seu coração. Lembrou-se de que, ao final da palestra, havia sido encaminhada por mãos gentis até o leito em que agora se encontrava. Percebeu que estava ali havia muitos dias. E que o enfermeiro à sua frente havia velado seu sono dia e noite. Lembrou-se também de que, enquanto dormia, um grupo de senhoras entrava no quarto duas vezes por dia para fazer orações e aplicar-lhe passes regeneradores. Não havia mais dúvidas sobre o que acontecera. Ela agora entendia sua real condição.

Havia desencarnado.

Após essa rápida hipnose, o enfermeiro retirou a mão de sua fronte e perguntou-lhe:

- Está tudo mais claro agora, irmã?

- Sim... Sim, está claro - respondeu ela com lágrimas nos olhos.

- Que bom, Maria. Sabíamos que sua preparação espiritual na Terra a ajudaria muito nessa transição.

- Então, estou realmente morta...

- Ou realmente viva. Não esqueça das palavras do nosso palestrante.

- Sim, viva... É tudo muito estranho... Sempre estudei tanto sobre a vida após a morte, mas confesso que, apesar de todo o ensinamento que me cercava, ainda tinha dúvidas.

- Agora pode ver que não existe nenhuma dúvida sobre a vida após a desencarnação.

- Agora vejo que sim. Mas, por favor, me responda: por que minha mente, apesar de estar lúcida, parece que teve parte de sua memória apagada? Tenho a nítida sensação de que há algo dentro dela que não consigo lembrar...

- Não pense nisso agora, Maria. Com o tempo sua memória voltará totalmente. Esta é também uma providência da espiritualidade, que não quer que você sofra com reminiscências dolorosas.

- Mas eu preciso lembrar... - disse a jovem, começando a inquietar-se.

- Acalme-se. Não convém que você acesse essas lembranças agora.

O enfermeiro direcionou a mão ao chacra coronário da jovem, mas, antes que ele começasse a ministrar um passe sedativo, Maria começou a debater-se na cama, revivendo seus últimos momentos de encarnada, quando lutava contra a hemorragia que lhe colheria o corpo físico.

- Eu vejo! Eu vejo! - gritava a jovem. - Meu Deus! Minha filha! Eu vejo! Eu vejo!

- Maria, por favor, concentre-se no momento presente! Não sofra duas vezes. Esqueça as dores passadas! - pedia-lhe o devotado trabalhador.

- Não! Não! Eu vejo! Vejo minha filha! Minha filhinha... Tão pequena! Tão linda! E eu nem pude abraçá-la... O que será dela?

- Ela está bem amparada nos braços dos seus familiares - respondeu-lhe o enfermeiro.

- Ah! Minha família... Mamãe! Veja como ela chora... Théodore! Théodore, meu amor... Não chore! Eu estou aqui, estou aqui! - gritava a moça, completamente transtornada.

- Maria, por favor, acalme-se. Pense em Jesus. Pense em tudo o que aprendeu em seus estudos sobre a espiritualidade.

- Não! Não! Eu quero minha filha! Minha filhinha! Meu marido!

- Você os verá no momento certo, minha querida. Acalme-se. Receba este passe. Você precisa dormir um pouco.

- Não! Não quero dormir. Quero ver minha filha agora!

- Você sabe que nesse estado não é bom para ela que você se aproxime.

- Ela precisa de mim. Por favor... - implorava a moça em comovente sofrimento.

- Em breve, Maria. Em breve...

O enfermeiro estava começando a acalmá-la, tirando-a da faixa vibratória em que ela caíra. Sabia que aquele era um momento delicado, pois, ao baixar seu padrão vibratório, ela estava aberta aos perigos da espiritualidade inferior, que espreitava incansavelmente aquele hospital espiritual transitório que se instalava periodicamente nas dependências do hospital terreno.

Ali, a posição dos trabalhadores era de maior fragilidade, visto que imperava a energia mais densa. O esforço dos trabalhadores espirituais era tremendo em lugares como aquele. Eles desprendiam grande energia para plasmar aos moldes terrenos os leitos e dependências daquele hospital transitório, para que os recém-desencarnados não sofressem grande choque ao se depararem com a nova realidade e para que a transição fosse mais amena. Diante desse panorama, o enfermeiro sabia que deveria agir rápido, antes que os espíritos inferiores começassem a agir. Enquanto aplicava o passe na jovem, ele pressionou um botão existente ao lado do leito, enviando um sinal de solicitação de reforço energético. Mas, infelizmente, era tarde demais. Maria das Dores, transtornada pelas lembranças de seus momentos de agonia e também pela falta que sentia dos seus, deixara-se contaminar pelas pesadas energias que circundavam o exterior daquele lugar de acolhimento. Não demorou muito para que figuras sombrias se aproximassem do campo mental dela, chamando-a para fora das barreiras de proteção.

- Horrível! - gritava a jovem ao ver o aspecto dos espíritos que compartilhavam suas ideias de dor e revolta.

- Maria, concentre-se. Pense em Jesus...

Nesse momento, a jovem se viu envolvida por uma entidade de aspecto muito distinto. Uma mulher alta e de ar altivo entrava na sala. Seus olhos frios eram enigmáticos. Maria ficou hipnotizada por aquela figura

O enfermeiro, sentindo essa presença, pôs-se em oração.

- De nada vão adiantar suas orações, meu jovem. Ela rompeu a barreira que a protegia e permitiu que eu entrasse - disse a mulher ao enfermeiro.

- Não. Jesus não permitirá...

- Se esquece do direito que todos têm ao livre-arbítrio? - interrompeu a mulher.

- Maria, por favor, me ouça... - rogava o enfermeiro à convalescente.

- Vocês, "voluntários do bem", são tão cansativos! Nunca sabem quando perderam uma batalha - disse a mulher, dando as costas para o enfermeiro e se dirigindo à paciente. - Venha, Maria, venha. Eu a levarei até sua filha.

A jovem, hipnotizada por aquelas palavras, deixou-se conduzir para fora do quarto.

Alguns segundos depois, dois enfermeiros entraram aturdidos no ambiente.

- Irmão! O que aconteceu? Sofremos um ataque?

O enfermeiro estava sentado na cama e tinha a cabeça entre as mãos.

- Ela se foi, irmãos. Juro que tentei protegê-la, mas ela decidiu ir embora. Eu nada pude fazer.

- Ela saiu sozinha daqui?

- Não. Maria deixou que um espírito que há muito tempo vem lhe rondando os pensamentos a levasse. Sabe-se lá onde ela está agora.

- Um irmão do umbral entrou aqui? Deve possuir uma grande força energética para conseguir romper as barreiras que criamos.

- Sim. Esse espírito possui grande influência nos campos trevosos e atua principalmente em hospitais, comandando um grupo de irmãos que vampirizam as energias dos enfermos. Esse espírito está sempre se alimentando de energias nocivas, por isso seu grande poder de penetração em nossas barreiras. Muitos dos recém-desencarnados que evadiram do hospital transitório antes do transporte para uma colônia foram levados pela influência desse espírito.

- Precisamos fazer um relatório para nossos superiores, solicitando reforços com urgência. Você conhece a procedência desse espírito tão poderoso?

- Sim. É um espírito que desencarnou há um bom tempo e que carrega muita revolta. Sua inteligência e seu poder de persuasão nos campos de baixa vibração vêm ganhando grande abrangência. Precisamos agir.

- E como se chama esse espírito?

- Ametista. E, pelo que vi hoje, teremos muito trabalho pela frente. Teremos que nos fortalecer se quisermos proteger uma determinada família.

- Conversaremos com nossos superiores. Eles com certeza saberão a coisa certa a fazer. Agora venha, irmão. Não se deixe abater. Observo que desprendeu muita energia ao tentar preservar sua protegida. Convém ficar um pouco nas câmaras de refazimento - disse o colega enquanto apoiava o enfermeiro pelo braço, levando-o para fora do quarto.

- Mas, e Maria? Precisamos...

- Iremos preparar uma equipe para tentar um resgate. Como seu anjo protetor, não será difícil para você localizá-la.

- Que pena... Levei tantos anos orientando-a para que ela fizesse a coisa certa nesse momento, mas a perdi no último instante.

- Não desanime, irmão. Confie em Jesus. Maria voltará para nosso amparo.

- Sim, irmão. Agradeço as palavras. Confiemos em Jesus.

Os trabalhadores se dirigiram às câmaras de refazimento, preparando-se para as novas batalhas, que viriam a seguir.

Na casa de Cândido, Théodore e sua filha recebiam o aconchego e os cuidados necessários para atravessarem o momento difícil. Dez meses se passaram desde o passamento de Maria das Dores, e aos poucos a família retomava sua rotina natural.

O rapaz estava na sala embalando a menina no colo após o café da manhã quando Eugênia juntou-se a eles.

- Como está crescida nossa Isabelle! Não é verdade, filho?

- Sim. Veja só. Até me assusto cada vez que a tiro do berço pela manhã. Parece que ela cresce muitos centímetros em apenas uma noite!

Eugênia sorriu da ingenuidade do rapaz.

- Vários centímetros eu não diria, mas é bem verdade que eles crescem muito rapidamente. E por falar nisso, em breve ela completará um ano. Estava pensando em reunir alguns amigos aqui em casa para comemorarmos.

- Uma festa? Acha mesmo uma boa ideia? Faz pouco tempo que...

- Por que não? É um momento tão mágico... Tanto para ela quanto para os pais.

- Os pais...

- Desculpe-me, querido. É só uma forma de falar.

- Não se desculpe. Afinal, temos que usar essa expressão mesmo. Apesar da mãe dela estar em outro plano, ela continua sendo sua mãe, não é?

- Exatamente! É assim que devemos pensar. E nossa amada Maria estará sempre presente em nossos corações. Tenho certeza de que ela ficaria muito feliz se sua Isabelle comemorasse com alegria sua primeira festinha de aniversário.

- Comemoraremos, então. Nossa pequena merece. Aliás, todos merecemos um pouco de descontração - disse o rapaz, levantando a menina para o alto.

- Ótimo! Vou começar a planejar os preparativos.

- Tudo bem. Avise-me sobre o que tenho que fazer para ajudar. E... Eugênia...

- Sim?

- Temos alguma notícia da condição de Maria no plano espiritual?

Eugênia baixou os olhos por um instante. Sabia que há meses o grupo de estudos mediúnicos em que trabalhava se desdobrava, com o plano espiritual, para resgatar a jovem das zonas escuras. Havia recebido orientação para protegerem o lar, cercando-o de alegria e bons pensamentos para que o estado de Maria não perturbasse a harmonia tão necessária àquele ambiente. Uma das orientações era para que preservassem Théodore de todas essas informações, visto que ele, devido à sua forte ligação com Maria, poderia cair facilmente em desequilíbrio. Devido a tudo isso, ela preferiu desconversar.

- Sim. Ela está se recuperando do trauma sofrido. Vamos continuar enviando vibrações de amor e de alegria para que sua ambientação à nova vida seja rápida e tranquila.

- Que assim seja - respondeu Théodore com um sorriso nos lábios.

Eugênia ficou aliviada. Pela fisionomia serena do rapaz e pela tranquilidade de Isabelle, seu lar estava protegido. Porém, ela descobrira, durante as tentativas de resgate de Maria, que uma grande força nociva tentava impor-se àquela casa. Não ficara muito claro, mas amigos informaram que havia uma figura que prendia Maria nas zonas de sofrimento, não permitindo que ela se lançasse às mãos acolhedoras dos missionários que tentavam resgatá-la.

"Com a ajuda de Jesus, teremos maior êxito na próxima tentativa e, quem sabe, descobriremos quem é essa figura que persegue nossa Maria", pensou, enquanto se dirigia para a cozinha.

Na semana seguinte, o grupo de médiuns da casa espírita se reuniu para mais uma noite de trabalho. Cândido e Eugênia estavam presentes e, após tratar de vários casos, pediram à espiritualidade uma intervenção no caso de Maria das Dores.

Minutos depois da solicitação, uma das médiuns da mesa iniciou uma comunicação grunhindo de forma assustadora.

- Seja bem-vindo, irmão - disse Cândido.

- O que vocês querem aqui? Saiam daqui! Não queremos os filhos do cordeiro se metendo em nossos assuntos! Eu sou aquele que faz a guarda dessas esferas. Daqui ninguém passa! - disse a entidade, mostrando-se bastante agressiva.

- Estamos aqui para ajudá-lo, irmão.

- Quanta pretensão! E quem disse que precisamos de ajuda? Por acaso não está vendo o meu tamanho? Não vê o quanto eu sou forte?

- Não estamos aqui para combater, irmão, apenas para entender...

- E nem poderiam nos combater. Somos em muitos. Muitos!

- Nós solicitamos sua presença, pois queremos interceder a favor de nossa amada irmã Maria das Dores. Sabemos que ela se encontra nas zonas escuras onde vocês dominam, e em nome de Jesus lhe pedimos para libertá-la.

- Jesus? Jesus! Sempre esse nome! Fácil interceder por alguém se utilizando de nome tão poderoso. Por que não intercede em seu nome? Ou em nome de um componente dessa mesa? Não poderiam, não é mesmo? Vocês se sentam a essa mesa como se fossem anjos de luz para ajudar aos desgraçados da escuridão, julgando-se superiores. Ah! Quanta hipocrisia! Não sabem que vemos o que vai dentro do coração de cada um de vocês? Por fora belas palavras, pontuadas de entonação suave, e por dento o fel da indiferença e do julgamento. Por fora a mão suave que ampara, mas por dentro mentes que nos açoitam com seu julgamento. O mesmo fogo de erros e rancores que nos consome também consome a vocês. A diferença é que não temos medo de exibi-los para todo mundo ver. Sepulcros caiados é o que vocês são! - gritava o comunicante.

Cândido concentrou-se, pedindo aos espíritos de luz serenidade e sabedoria, visto que se tratava de um espírito de grande eloquência e inteligência. Esses são os mais perigosos, pois utilizam de palavras articuladas para desequilibrar a confiança do grupo de trabalhos mediúnicos. Após uma breve oração, ele se dirigiu ao comunicante:

- Irmão, sei que suas palavras fazem sentido. É bem verdade que também carregamos em nós grande parcela de imperfeição. Ainda não temos a capacidade de ajudar sem julgar. De estender a mão sem exigir. Tem razão quando diz que somos parecidos com vocês. Eu lhe afirmo que não somos apenas parecidos, mas que somos idênticos, todos ainda consumidos pelo fogo da ignorância. Peço desculpas se em algum momento nos colocamos como superiores a vocês. É culpa da nossa alma imperfeita que ainda não aprendeu a enxergar que somos todos irmãos trilhando um mesmo caminho. E, caminheiros que somos, vez ou outra nos deixamos tropeçar nas pedras da vaidade e nos abismos do egoísmo. Peço-lhe apenas, irmão, que observe que, apesar de caminharmos juntos, estamos indo em direção contrária. Nós, apesar de imperfeitos, buscamos caminhar para a melhoria, fazendo de nossos erros uma cruz de aprendizado e melhor compreensão da vida, enquanto vocês caminham cada vez mais, se me permite dizer, em direção do não-esclarecimento, transformando seus erros em armas de combate e destruição.

"Agora lhe pergunto, irmão. Quem está certo e quem está errado? E lhe respondo prontamente: ninguém. Não estamos certos nós que procuramos crescer, nem vocês que procuram retroceder. Somos todos aprendizes da grande escola do Criador. E para o mestre, nenhum dos seus alunos está absolutamente certo ou definitivamente errado. Para Deus, somos todos crianças em formação e em aprendizado. Ele sabe que, de uma forma ou de outra, todos chegaremos à compreensão das coisas. E como mestre amoroso ele espera pacientemente.

"Partindo desse princípio, afirmo que a única coisa que nos distingue uns dos outros é o tempo. Sim, o tempo é o único fator que pode nos colocar em posição de vantagem ou desvantagem. Vocês, assim como nós, também chegarão à perfeição, visto que este é o destino fatal, a maravilhosa sina de todos os filhos do Criador.

"Nós, conscientes desse ponto, escolhemos o caminho que nos levará mais rapidamente, embora com grandes dificuldades e esforço, à condição de seres de luz que nos foi generosamente concedida pelo nosso Pai. Poderíamos também ter nos entregado às brumas da ignorância e da revolta. Poderíamos também ter dedicado parte da nossa eternidade para perseguir nossos desafetos e planejar nossas vinganças. Por que não, se o destino é o mesmo? Por que não ferir, machucar e assassinar se no final seremos todos anjos, já que temos um Pai tão bondoso e complacente? E mais uma vez eu lhe respondo a pergunta que eu mesmo fiz: porque nessa opção existe muita dor e sofrimento. Não que dentro da nossa escolha de aprendizes do Cristo estejamos isentos das dores, porém, na condição de alunos e tarefeiros do Cristo, temos a certeza de que esses sofrimentos diminuirão na medida em que nos esclarecermos. Então eu lhe digo humildemente que optamos pela escolha mais inteligente.

"Descobrimos, irmão, ao longo do tempo e de muito estudo, que não existe nenhuma dor nas moradas do Pai. Ele não criou o sofrimento, nem as guerras, nem os genocídios. Atrevo-me a afirmar que, se existe alguma coisa que nosso Criador ignorasse, essa coisa seria o mal. O mal é criação do homem. O mal e todos os produtos que dele procedem.

"E esse mal, então, de onde vem, já que o homem também é criação divina?, podemos perguntar. E eu respondo: o mal é fruto, filho legítimo e primogênito da ignorância. Ele apenas existe e persiste porque ainda insistimos em não ver a gloriosa luz que nos cerca.

"Como disse anteriormente, somos aprendizes da grande escola divina. E nessa escola, nesse grande laboratório de ensaio, fazemos nossas experiências, utilizando como tubos de ensaio nossas individualidades. E de cima, qual professor atento e dedicado, o mestre observa o caos que criamos diariamente.

"A partir de nossas escolhas, esse laboratório pode se transformar em cenário de grandes explosões químicas ou em harmoniosas fórmulas curativas. E é de acordo com as nossas escolhas, respeitando nosso livre-arbítrio, que o nosso amado professor vai, aos poucos, nos fornecendo os ingredientes necessários para nossas experiências de aprendizado. Se ele vê apenas o caos, fornece-nos os componentes para que fabriquemos nós mesmos o remédio necessário para a corrigenda. Se percebe que, dos ingredientes disponíveis, criamos elixires benéficos, imediatamente nos envia novos suprimentos e novos orientadores para que desenvolvamos ainda mais nossa capacidade de criar o bem. Grande alquimista é o nosso amado mestre Jesus! E quanta paciência ele tem!

"Acha mesmo que temos o poder de pôr e dispor do mundo, como pensamos? Acha mesmo que o mundo em que vivemos, tanto o mundo físico quanto o mundo espiritual que nos cerca, é um mundo de verdade? Não, irmão. Não. Isso tudo o que vemos, apesar de possuir uma grandiosidade impressionante e incompreensível, é apenas uma pequena escola dentro do grande e vasto Universo. Um jardim da infância onde, crianças que somos, damos nossos primeiros passos cambaleantes. Singelo educandário onde desastradamente brincamos com as tintas da vida e com as massinhas de modelar da Criação.

"Acha mesmo que o Senhor deixaria o mundo real nas mãos de seus filhos que ainda engatinham na caminhada de aprendizado do amor e que apenas balbuciam as palavras do verdadeiro conhecimento? Deixaria um pai a liderança da casa à sua criança? Claro que não, pois sabe que isso seria desastroso.

"E nosso Pai sabe disso, nos coloca nessa escola de amor, cercados de proteção e carinho, e espera que um dia possamos sair dali para estagiar em outras escolas.

" E Jesus torce para que saiamos da escola elementar e de todas as outras que a sucedem para que um dia, finalmente, possamos ultrapassar as cercanias dos educandários e pôr os pés no verdadeiro mundo. O mundo que ele nos preparou com tanto carinho.

"Somos herdeiros de Deus, bem o sabemos, e como patriarca responsável e sensato, Ele não nos porá nas mãos seu legado antes que tenhamos atingido a maioridade moral. Se imaginarmos que a Terra e todos os planetas vizinhos do nosso sistema solar são apenas singelos educandários divinos, podemos ter uma ideia da grandiosidade do mundo do Criador.

"Como serão então as cidades, os países e os planetas? Impossível mensurar, não é mesmo, irmão? E se somos herdeiros disso tudo, por que perdemos tempo? Por que desperdiçarmos anos e anos repetindo as mesmas lições na mesma escola, quando podemos avançar? Por que, irmão, perder-se na escuridão de nós mesmos, apenas porque fomos contrariados em nossas experiências letivas?"

O espírito, que no início ouvira a contragosto, depois se deixou levar a uma reflexão. Seu coração endurecido por anos e anos de pensamentos de revolta deixara finalmente entrar uma brecha de luz em seu íntimo inóspito. As palavras de Cândido, sugeridas pela espiritualidade maior, foi um rasgo na densa cortina que lhe cobria a consciência.

- Suas palavras me darão muito o que refletir - disse o comunicante. - Respeito argumentos inteligentes. Mas não pense que sairei daqui segurando as mãos desses enfermeiros que agora me cercam. Não sou uma criança e, quando decidir segui-los, o farei por livre e espontânea vontade. Sei bem como e onde encontrá-los.

- Como quiser, irmão. As colônias onde nossos amigos lhe oferecem acolhida possuem, todas elas, grandes institutos de ensino onde o irmão poderá se aprofundar no assunto que abordei.

- Interessante. Pensarei sobre o assunto.

- Faça isso, irmão. E quanto à nossa irmã Maria das Dores? Aceitará nosso pedido de libertá-la?

- Pelo visto não tenho muita escolha... Vejo que dezenas dos de vocês estão se aproximando. Sei que você só está pedindo por educação.

- Agradeço, irmão.

- Deixarei que se aproximem dela. Vejamos se ela decide segui-los. Mas advirto que ao lado dela está uma entidade de grande influência no submundo que a cerca.

- Faremos o nosso melhor. Fique em paz, irmão, e que Jesus lhe acompanhe os passos e os pensamentos.

O espírito não respondeu a última observação de Cândido, partindo sem se despedir.

Após alguns minutos, outra médium da mesa começou a descrever o ambiente que ela via.

- Irmãos - ela pediu -, peço que se concentrem em vibrações de amor, pois o lugar que estamos adentrando agora é de grande dor e sofrimento.

- Jesus é conosco, irmã - disse-lhe Cândido.

- Vejo tantos irmãos em agonia! Almas despedaçadas, espíritos em flagelo moral. Terrível...

- Irmã, peço que contenha seu horror diante do quadro que se apresenta à sua frente. Esses espíritos sentem as energias de terror e rejeição emitidas pelos que adentram seus domínios. Concentre-se na vibração de amor que Jesus nos ensinou.

A médium aos poucos foi se acalmando e, sempre com o amparo do plano espiritual, que é quem verdadeiramente dirigia aquela expedição, começou a descrever o ambiente que visualizava.

- Consegue ver nossa irmã Maria das Dores? - perguntou Cândido.

- Ainda não. Espere. Lá está ela! Sim, eu a vejo... Por Deus! Está tão transfigurada.

- Mande-lhe vibrações de amor, irmã.

- Vou tentar uma aproximação.

A médium se aproximou mentalmente de Maria das Dores, que num primeiro momento recuou assustada, mas depois, ao ver que ao lado da médium estavam também enfermeiros que emitiam agradável luz, decidiu aceitar a aproximação. Não demorou muito para que a conjunção mental se fizesse entre ela e a médium e, após alguns segundos de adaptação ao novo veículo, ela começou a comunicar-se. No início, apenas chorando copiosamente, o que era muito comum em comunicações daquele tipo, passando depois a pronunciar suas primeiras palavras.

- O que querem de mim? Será possível isso? Estou então na minha amada casa espírita?

- Seja bem-vinda, minha querida - disse-lhe Cândido emocionado. - Há muito a esperávamos.

- Cândido? Cândido! - gritou a jovem, que através da médium tomava-lhe as mãos.

- Acalme-se, Maria. Agora ficará tudo bem.

- Ah, Cândido... Jamais ficará tudo bem. Como posso ter paz longe de vocês? Longe da minha filha e de Théodore? E minha mãezinha? Ah, minha mãezinha... Onde o aconchego dos seus braços?

- Eles estão e estarão sempre prontos para acolhê-la,

Maria. Apenas ocorre que, agora, eles te abraçam de uma maneira diferente. Não se lembra então de quanto pode ser benéfico o intercâmbio da família com os que partiram, se todos estiverem em equilíbrio?

- Não! Não! É muito diferente do que você pensa, Cândido. Tudo o que estudamos aqui nesta casa não pode se comparar à realidade que encontramos ao fazer tão triste travessia. Nossas dores, nossos defeitos, nossas mágoas, os credores do passado... Tudo aqui toma cores assustadoramente vivas. As vozes dos que nos perseguem, que na Terra sentimos apenas como ecos tímidos na consciência, aqui nos chegam aos ouvidos em volumes insuportáveis. Nossas atitudes nocivas se apresentam em quadros gigantescos, como telas animadas nos acompanhando em qualquer lugar que andemos. Não há para onde fugir! Não há para onde fugir!

- Maria, acalme-se e concentre-se. Veja que todo esse quadro de desequilíbrio só se fez porque você fugiu do abençoado hospital de proteção e refazimento onde foi generosamente recebida. Se você tivesse permanecido ali, todo esse sofrimento teria sido evitado.

- Mas como, Cândido? Como calar as vozes que nos chamam das profundezas? Como?, se eles sabem tantos detalhes sobre mim...

- Orando, Maria. Orando para Jesus. Lembre-se de que a sua transição foi realizada com todo o carinho e proteção por mãos amparadoras. Foi você, minha querida, quem, ao entrar em sintonia com esses pensamentos de dor, abriu caminho para esses irmãos em desalinho.

- Sim. Eu sei... - respondeu a jovem pensativa. - Bem me lembro das palavras de amparo e carinho de um gentil e prestimoso enfermeiro. Seus cuidados me tocaram o coração de uma forma que não sei explicar.

- Então? Não gostaria de voltar a sentir-se assim? Não gostaria de voltar para aquele lugar onde foi tão bem acolhida?

- Se me for permitido...

- A generosidade de Deus não tem fim, Maria. Veja que ao lado estão os irmãos que esperam apenas seu consentimento para levá-la de volta.

- Ah, sim! Eu os vejo! Vejo também o rapaz, o enfermeiro que me amparou tão gentilmente. Que alegria!

- Acompanhe-os então, Maria.

- Mas... e minha filha? E Théodore? E meus pais? Não posso vê-los antes de partir?

- O seu estado só os colocaria em sofrimento, minha querida. Tenha paciência que...

- Não é justo! Parti do corpo sem nem mesmo poder me despedir deles!

Nesse momento, a jovem, que estava começando a vibrar na mesma sintonia que os resgatadores, começou novamente a emitir vibrações de sofrimento e revolta, o que permitiu a aproximação do espírito da mulher que a mantinha prisioneira.

- Maria, em breve você...

- Ela está aqui! Ela está aqui! Eu não posso partir! Não posso partir!

– Por que não pode partir, Maria? Quem a persegue?

– Ela! Ela! Ela ameaçou matar minha filha, caso eu não a siga e não faça tudo o que ela mandar. Ela... Ela tem olhos assustadores!

– Resista a essa energia, Maria. Concentre-se na presença dos nossos amigos de luz – pediu Cândido.

– Não consigo! Ela tem muitos amigos. Ela tem muito, muito ódio de todos nós. Ela ameaçou queimar minha filha viva, ela me mostra imagens de minha filha sendo queimada. Por favor, Cândido, faça ela parar!

– Pense em Jesus, Maria. Sua imagem é antídoto para qualquer tipo de ataque.

– Eu sinto muito, Cândido. Eu preciso ir com ela. Não tenho forças. Ela diz que... Não! Não posso repetir suas palavras... Mas... mas, ela me obriga.

– Maria, não ceda às investidas desse espírito em revolta.

– Ela diz que aniquilará a todos nós, assim como fez no passado. Ela manda um recado especialmente para você, Cândido. Diz que você irá se arrepender da traição. Que você destruiu suas propriedades e sua estrada.

– Ametista... – disse Cândido.

– Sim. Esse é o seu nome. Ah, meu sogro, quanta desventura cairá sobre nossa família! Ela tem muitos seguidores, todos terríveis e poderosos. Eles têm interesse em acabar com os trabalhos da nossa casa espírita.

– Maria, resista, por favor – disse Cândido, esforçando-se para conter a emoção. – Veja esses irmãos que aí estão para lhe ajudar.

A jovem olhou para a equipe de resgate que estava à sua frente, de braços estendidos. Olhou para o enfermeiro cujos olhos lhe transmitiam tanta doçura.

- Eu não posso. Preciso proteger a minha filha. Sinto muito...

E voltou as costas para o grupo de socorristas, indo em direção de Ametista e de seus infelizes companheiros.

A médium que dera a comunicação passou as últimas orientações dos colaboradores espirituais.

- Não há mais nada que possamos fazer por enquanto, irmãos. Nossa missão falhou. Esperemos uma próxima oportunidade.

Após a oração final, o grupo se despediu da casa, ficando apenas Cândido e Eugênia.

Cândido deixou-se cair pesadamente em uma poltrona. Ele estava desolado. Seus erros do passado agora lhe caíam sobre a cabeça qual pesado e inesperado fardo. E o que mais lhe machucava era que esse fardo se precipitava também sobre os que ele mais amava. Ver Maria vítima da influência terrível que Ametista lhe impunha era doloroso demais. Ele sabia que ela não perseguia Maria, e sim a ele, usando seus familiares para atingi-lo.

Eugênia, que o observava de longe, resolveu conversar com o marido.

- Querido, imagino o tamanho de sua dor e de sua preocupação, mas peço que não se deixe abater. Sabe muito bem que é na desolação e na tristeza que nossos irmãos equivocados encontram campo fértil para plantar suas sementes de desequilíbrio. Tenha fé!

- Tem razão, Eugênia. Mas o que fazer em uma situação dessas? Sempre resolvemos, com a espiritualidade maior, centenas de casos como esses, mas em nenhum deles eu tinha uma ligação pessoal. É muito fácil aplicar os conceitos filosóficos e doutrinários quando não estamos envolvidos. Como poderei dizer a Ametista que me perdoe e que me ame se eu mesmo ainda não a perdoei? Como pedir algo que eu ainda não posso dar? Como não odiá-la quando ela me fere através daqueles que amo? E agora ela ameaça, com seu grupo, atrapalhar os trabalhos desta casa espírita. É justo então que tantos que daqui se beneficiam sejam prejudicados por um erro que eu cometi no passado? Confesso que não tenho forças morais para essa empreitada. Me sinto envergonhado.

- Entendo, Cândido. Mas onde fica Jesus nessa história?

- Jesus?

- Sim, Jesus.

- Não entendo o que quer dizer.

- Bem sei das dificuldades que se aproximam de nós. Elas muito exigirão nosso esforço e paciência. Mas seria justo com o Cristo deixarmo-nos levar pelo medo e pela desesperança? Que voto de confiança estamos dando ao nosso mestre se atribuimos aos nossos desafetos tamanho poder? Por acaso não é Jesus maior que tudo isso? Não saberá ele conduzir-nos para o melhor caminho? Confie, meu querido, pois o mestre nunca nos desampara.

- Eu sei, Eugênia. Acho que estou me deixando levar pela vergonha. Como presidente da casa, é difícil ver meus erros do passado expostos a todos. Não sei como conduzirei esse lugar daqui pra frente.

- Você conduzirá esta casa como sempre conduziu. Como um trabalhador humilde e dedicado, assim como todos os outros. Não deixe que o orgulho ferido e a vaidade lhe atrapalhem os passos, Cândido. Acredito que é exatamente nesse ponto que Ametista quer atingi-lo.

- Sim. Tem razão. Ela sabe da minha deficiência nesse aspecto. Foi minha vaidade que me fez aceitar casar com ela. Ela me conhece muito bem...

- Não, Cândido. Ela conhece apenas um aspecto seu. Ela tem gravado em sua mente apenas o jovem ambicioso com quem ela se casou. Ela desconhece o homem de bem que você se tornou, o pai maravilhoso e o trabalhador incansável da doutrina espírita que é. E é esse homem que poderá melhor combater suas investidas, chamando-a à razão.

- Acha que conseguiremos convencê-la, Eugênia?

- Tenho certeza que sim. Não será fácil. Eles informaram que ela tem muitos aliados, mas usaremos nossas armas.

- Nossas armas?

- Sim. Além do amparo espiritual que temos nesta casa, temos também o amor da nossa família. Combateremos com esse amor todos os ataques que sofrermos, mostrando o quanto ele é forte.

- Temo que isso só a deixará mais revoltada.

- Imagino que sim, por isso pensei que não devemos ostentar o amor e a união de nossa família como um estandarte de vitória. Devemos na verdade deixar esse amor à disposição de Ametista.

- À disposição dela?

- Sim. Oferecendo esse amor a ela. Fazendo-a ver que ela também faz parte dele. Ora, não é ela então também um membro da família, sendo a mãe de Théodore?

- Sim.

- E é justo excluí-la apenas porque ela caminha no engano?

- Não. Claro que não. Agora entendo sua colocação, Eugênia.

- Veja que não é Ametista que devemos combater e sim o mal, ou melhor, o engano que existe dentro dela. Sempre que tentamos entrar em uma luta crendo que devemos combater nosso irmão já a perdemos de início, pois combater nosso irmão é combater a nós mesmos. Ao passo que se nos concentrarmos apenas em neutralizar o que de nocivo ele produz, a vitória de todos será certa.

- Entendo. É isso! Devemos esquecer o rosto de quem nos fere e concentrar as forças apenas no mal que ele produz, preservando o nosso irmão, pois ele não é o mal, ele apenas o carrega.

- Na verdade, Cândido, ele carrega a ignorância, pois devemos lembrar que o mal não existe, existe apenas o...

- O engano, claro! Como pude esquecer?! Ah, Eugênia, o que seria de mim sem você? Suas palavras me enchem de ânimo e confiança!

- Somos todos uma grande família universal, Cândido.

Devemos caminhar juntos e sempre de mãos dadas. Quando um não vê, devemos ser seus olhos. Quando o outro não consegue entender, devemos ser as palavras que o guiarão ao entendimento - disse Eugênia abraçando o marido carinhosamente. - Agora vamos para casa descansar.

E os dois deixaram a casa espírita com a confiança renovada das almas que comungam a paz.

Nos meses que se seguiram, a família de Cândido passou a sofrer todo tipo de interferências e atribulações, tanto em seus lares quanto nos trabalhos da casa espírita. O número de atendidos da casa aumentou consideravelmente, levando seus dirigentes e trabalhadores a se desdobrarem nos cuidados e tarefas. Era uma forma que Ametista e seu grupo haviam encontrado de testar a união e a fidelidade dos colaboradores aos trabalhos do Cristo. Ela esperava que com o dobro de trabalho os voluntários passassem a negligenciar os atendimentos, esquecendo-se das máximas de Jesus de amor e caridade.

Os espíritos pseudointeligentes articulam-se de forma bem mais estratégica do que os simples obsessores e por isso se tornam muito mais perigosos. Silenciosamente, eles infiltram-se nas casas de socorro espiritual, primeiro tecendo elogios aos seus colaboradores e dirigentes. Em seguida, passam a demonstrar, através dos médiuns desatentos, pequenos prodígios sobrenaturais: uma adivinhação aqui, uma premonição ali, e em pouco tempo, acendendo a chama da vaidade nos corações dos colaboradores e até mesmo dos dirigentes, eles conquistam amplo espaço para plantar as sementes da desunião e da discórdia. Esses pequenos "milagres" cotidianos nada têm de produtivo e visam apenas desequilibrar os trabalhos do bem, transformando lugares de abençoados serviços em um campo de inércia improdutiva.

É muito comum vermos casas de socorro antes pequenas e singelas, porém de grande abrangência espiritual, deixarem-se levar pela vontade de crescer e verem seus feitos reconhecidos no mundo material. Esse é o maior risco que uma casa de ajuda pode sofrer. Ao crescer desproporcionalmente e em curto espaço de tempo, a casa espírita acaba por perder suas principais características, que são o amor e o acolhimento a cada um dos indivíduos que ali adentram. É essencial que uma casa espírita tenha um atendimento de qualidade humana e que os necessitados sejam, para os colaboradores e dirigentes, pessoas com rostos, nomes e histórias, e não apenas números e estatísticas.

E naquela casa espírita não foi diferente. Em pouco tempo, ele e Eugênia sentiram as mudanças no comportamento e na conduta dos colaboradores, bem como nas pessoas ali socorridas. Não mais se via a confraternização sincera dos corações que vibram no bem. Pelo contrário, os médiuns, inflamados pelas "verdades absolutas", que acreditavam receber direta e exclusivamente de irmãos iluminados, debatiam-se em discussões inúteis, esquecendo-se de amparar os simples necessitados que ali iam lhes pedir ajuda. E a casa, que antes era enfermaria do Cristo, transformava-se aos poucos em plenário de discussões elitistas.

A espiritualidade que amparava os trabalhos daquele lugar via com grande pesar essa triste transformação.

- Que tristeza ver nossos irmãos, antes humildes servos e sempre prontos a aprender, se deixarem levar por manobras tão vulgares da espiritualidade menos esclarecida - disse um dos colaboradores espirituais da casa.

- Sim, irmão. É doloroso ver uma construção erguida com tanto sacrifício ir ruindo aos poucos, vítima das traças insaciáveis da vaidade e do orgulho - respondeu outro colaborador espiritual. - Veja como exemplo nossa colaboradora Marta. Antes, ao chegar para os trabalhos da casa, fazia questão de cumprimentar boa parte dos necessitados que aqui vinham buscar conforto, ouvindo pacientemente seus lamentos e pedidos. Agora, considerando-se portadora de importante mediunidade, aborrece-se com as palavras simples dos enfermos emocionais e, dando a conhecida desculpa do tempo, esquiva-se de seus pacientes achando mais interessante estar com os livros ou com os irmãos que lhe compreendam as ideias sofisticadas.

- Ah, o tempo! Haverá sempre uma desculpa para se esquivar do bem. Sim. Muitos usam a desculpa do tempo para omitir-se aos trabalhos de caridade, esquecendo-se de que, quando trabalhamos no amor, o tempo dilata-se, permitindo-nos desdobrarmos e estendermos nossos cuidados a muitos e muitos que de nossa ajuda necessitam.

- Observe, irmão, que nossa irmã Marta, assim como outros trabalhadores da casa, está abandonando sua missão do pretérito, batendo em retirada para refugiar-se na comodidade de seus iguais. Cada colaborador de uma casa espírita traz consigo sua ala hospitalar pessoal, os inúmeros irmãos desencarnados ligados a ele por questões do passado, e que esperam ansiosamente sua dose diária de alívio. Muitos voluntários queixam-se com o grande número de necessitados que precisam atender, achando-se benfeitores de uma instituição apinhada de enfermos. Creem eles que esses enfermos são encaminhados pela espiritualidade e que é a espiritualidade a pedir-lhes ajuda para seus trabalhos, quando na verdade apenas reunimos a grande coletividade de espíritos comprometidos entre si para que, juntos, aprendam a conjugar o verbo da tolerância.

- Sim. Os médiuns devem tomar consciência de que a mediunidade não é senão uma ferramenta para eles reconstruírem em si e em seu próximo as edificações do amor e da união.

- Mas o que faremos? Deixaremos a casa desvirtuar-se de seu nobre caminho?

- Não. Felizmente, a espiritualidade maior tem planos para essa casa, que está estrategicamente situada próxima a uma colônia espiritual. Em pouco tempo agiremos, com nossos irmãos de ascendência hierárquica, para ela voltar a ser plataforma de lançamento das luzes esclarecedoras do Alto.

- Mas por que não agimos antes? Por que deixamos a casa ser contaminada por espíritos que caminham na ignorância?

- Antes de tudo, para respeitar o livre-arbítrio dos nossos colaboradores terrenos, que, apesar do amparo recebido, decidiram embrenhar-se nas matas escuras da vaidade e do orgulho. Mas, antes de tudo, assim permitimos para o aprendizado de todos. Após essa fase nebulosa, a maioria sairá mais esclarecida e fortalecida para levar adiante os trabalhos de forma lúcida e verdadeira. Observe, irmão, que muitas vezes os ensinamentos contidos nos livros da doutrina e as mensagens de alerta e direcionamento que enviamos não são suficientes para que nossos irmãos nos absorvam as palavras. Muitas vezes eles preferem o remédio amargo da vivência no equívoco para finalmente compreender os ensinamentos do Cristo.

- Entendo. E o irmão já sabe quais serão as providências para que a casa retorne ao equilíbrio?

- As mesmas de sempre, em casos como esse, irmão. Abriremos gradativamente as portas da dor e da aflição que esses irmãos carregam consigo, e que há muito vínhamos mantendo fechadas para que não sofressem demasiadamente. Veja que não se trata de medida punitiva, mas antes de solução emergencial, visto que nossos irmãos estão distraídos de suas missões, deixando suas cruzes de resgate pelo caminho. Conduziremos seus compromissos do passado que aqui estão em forma de espíritos para que possam, eles mesmos, chamar-lhes à razão.

- Que chamado doloroso, porém!

- Mas necessário, irmão. Nossos colaboradores terrenos, enquanto trabalham, desfrutam de bênçãos que generosamente lhes caem do Alto. Quando ocupados no ofício do bem, seus resgates dolorosos são em alguns casos postergados ou até mesmo anulados, visto que se empenham na caridade ao próximo e também, durante o trabalho, colhem os ensinamentos que iriam colher no sofrimento. Porém, quando esses se desviam do caminho do sincero servir e não nos ouvem, nada resta senão a tabuada justa da vida, chamando-os através da dor, que ainda é, infelizmente, a forma mais rápida de reagrupá-los na seara do bem.

- Nossa! Quanto tempo perdido!

- Não, irmão. No final, todos aprendemos muito. E não podemos esquecer que, dentro dessa manobra, são muitos os irmãos beneficiados. É durante os cenários de lágrimas que muitos irmãos no erro alcançam, com os aprendizes do bem, a redenção necessária, comprovando que nada existe de improdutivo no trabalho da espiritualidade maior.

Os dois espíritos deixaram a casa e se dirigiram para a reunião que decidiria as medidas para o retorno do equilíbrio dos trabalhos. Em pouco tempo, orientados pelos irmãos esclarecidos, os dirigentes e trabalhadores receberam informações e diretrizes para a urgente renovação do ambiente. As mensagens, sempre contendo o chamamento à responsabilidade, chegaram através de diversos médiuns, em diferentes dias de atividades da casa. Eles assim o fizeram para não deixar dúvida quanto à veracidade das informações. As mesas mediúnicas retomaram sua utilidade. E, acolhendo inúmeros irmãos sofredores das zonas menos felizes, a maioria dos trabalhadores teve a oportunidade de confrontar-se ou reconciliar-se com seus compromissos do passado, experimentando a transformação benéfica dos que se reajustam para o bem.

Após um ano de muito trabalho, a casa voltava à sua harmônica condição de servir. Estava protegida. Como dissera um de seus orientadores espirituais, todos voltaram da dolorosa jornada de aprendizado mais conscientes e amadurecidos.

Porém, os ataques à família de Cândido continuavam.

Impossibilitada de atingi-lo em seu trabalho de missionário, Ametista agora concentrava suas forças nocivas em seu lar, mais precisamente em Isabelle, que, devido à sua frágil condição de criança, era o alvo mais fácil. De forma sutil, o grupo de Ametista cercava a menina, buscando-lhe o intercâmbio das ideias e incutindo-lhe imagens de medo e terror. Com o passar do tempo, Isabelle passou a ter crises de pânico, tornando-se uma criança assustada e arredia.

- Mamãe, eu já não sei mais o que fazer - dizia Théodore a Eugênia no café da manhã, quando os dois estavam sozinhos; já lhe fora explicado seu laço com Ametista. - Isabelle está definhando sob nossos olhos. Os médicos dizem tratar-se de desequilíbrio nervoso, mas bem sabemos que as investidas do plano inferior têm sido grandes nesta casa. Felizmente, com o nosso cotidiano nos trabalhos da casa espírita, conseguimos nos proteger, mas e a minha filha? É justo que ela sofra por nós? Também não consigo entender por que, apesar de todo o amparo e proteção que lhe damos, ela continua sendo vítima de tão tenebroso bando.

- Tenha paciência, filho - pediu Eugênia. - Lembre-se de que, apesar de criança, Isabelle é também um espírito antigo. Como espírito antigo, já faz uso do seu livre-arbítrio. E não podemos descartar que talvez ela também tenha alguma ligação do passado com Ametista.

- Seria possível? - perguntou Théodore, surpreso.

- Claro que sim. Ametista é avó de Isabelle e não conhecemos os laços que prendem uma à outra.

- Mas não consigo entender como ela pode fazer mal a mim, que sou seu filho.

- De acordo com as informações que recebemos da espiritualidade, ela não sabe que é sua mãe.

- Não?

- Não. Momentos após o seu nascimento, quando Ametista tentou tirar-lhe dos braços de seu pai, naquele triste acidente de carruagem, os laços que unem vocês foram tornados invisíveis para ela. Assim a espiritualidade fez para que você crescesse tranquilamente, sem sofrer, por parte do espírito atormentado de Ametista, a influência que hoje ela tem sobre nossa Isabelle.

- Não consigo entender como uma mãe pode odiar tanto um filho - disse Théodore emocionado.

- Ela não odeia você, filho. Ela odeia a ideia de ter uma parte dela que vibra em condição diferente. Quando ela engravidou de você, sentiu que aquela condição poderia fragilizá-la e atrapalhar seus planos egoístas. Ela sentia que, apesar de vaidoso, Cândido possuía uma alma boa, como a família que a acolheu na infância, e isso a desconcertava. Ametista foi uma criança que sofreu muito cedo as intempéries do caminho e via equivocadamente o amor que sua mãe adotiva lhe dedicava como dolorosa esmola. Ter um filho com alguém que tanto se assemelhava às pessoas que ela odiava era para ela como se render ao inimigo, e isso a desnorteava. Assim, entenda que ela não odiava a você, mas ao fato de sua presença chamá-la à razão e a uma nova vida.

- Agora entendo melhor. E lhe asseguro que dela não guardo rancor. Antes gostaria de fazer algo para ajudá-la. Mas, me diga: então ela não me vê?

- Não. No choque da desencarnação abrupta, ela esqueceu-se da gravidez e do seu nascimento. Inebriada pelo ódio, ela vê apenas a Cândido, a mim e a Isabelle. E, infelizmente, ela vê também Maria das Dores, que, pelo que sabemos, continua sob seus domínios.

- Em que infeliz imbróglio se encontra nossa família! - exclamou Théodore.

- Não se deixe abater, filho. Temos conseguido vencer bravamente as trincheiras da escuridão que nos cercam, e aos poucos, e com a ajuda de Jesus, conseguiremos sair desse emaranhado de dor.

- Desejaria poder resolver isso de forma mais rápida.

- A paciência deve ser o nosso lema. Mas por enquanto, filho, acho que podemos pensar numa solução para aliviar o sofrimento de nossa Isabelle.

- Que solução?

- Veja que nossa Marlene, apesar de nos ajudar tanto, está sobrecarregada de tantos afazeres domésticos, e como estamos envoltos com os trabalhos que nos competem na casa espírita, nem sempre podemos dar a atenção que nossa menina necessita. Pensei que está na hora de contratar alguém para auxiliar nos cuidados de Isabelle.

- Uma ama?

- Uma amiga, Théodore. Antes de tudo, uma amiga. Alguém que a faça se sentir amparada e acolhida em seu dia a dia. Alguém que possa lhe dar carinho e maior atenção.

- Entendo. Acho que será bom para ela. Tenho trabalhado tanto... Tem alguém em mente?

- Sim. Uma jovem voluntária da casa, que vem se ocupando da evangelização infantil. Você não a conhece, pois ela trabalha lá há pouco tempo. Ela tem muito jeito com crianças e está buscando um trabalho.

- Acredito que seja adequada, então. Quando poderei conhecê-la?

- Hoje à tarde mesmo, se você puder. Eu a convidei para vir tomar um café conosco.

- Ótimo. Chegarei mais cedo para conhecê-la - disse, despedindo-se de Eugênia com um beijo na fronte.

- Perfeito - respondeu Eugênia, retribuindo o gesto do filho.

Às cinco horas da tarde, Amália, a jovem que Eugênia comentara com Théodore, chegava à residência da família. Após as apresentações, Cândido comentou:

- Amália, estamos muito felizes com o seu trabalho com os nossos pequenos da casa espírita.

- Eu é que fico feliz com um trabalho que me traz tanta ternura ao coração, senhor Cândido. Aqueles pequeninos enchem minha vida de luz - respondeu a moça, de ar encantador.

- Mas você tem mais experiência em cuidar de crianças? Melhor dizendo, conseguiria ocupar-se de todos os cuidados cotidianos que uma criança pequena necessita? - perguntou Théodore.

- Bom, devo confessar que não tenho experiência em cuidados mais detalhados, mas posso aprender. Algumas vezes, durante a evangelização, crianças precisam de cuidados normais a suas idades, e nesses momentos sempre consegui ampará-las sem grandes dificuldades - respondeu a jovem, demonstrando sinceridade.

- Théodore, acredito que será o bastante, afinal temos Marlene, que poderá ensiná-la muita coisa - interveio Eugênia.

- Sendo assim, não vejo por que objetar - respondeu Théodore. - Agora, basta apenas que conheça Isabelle. Vou buscá-la.

Alguns minutos depois, Théodore descia as escadas com Isabelle. A menina, que era geralmente arredia, conseguiu aos poucos ficar à vontade e, até o final daquela reunião, já se deixara envolver pelos encantos de Amália, aninhando-se em seu colo. Quando a jovem precisou partir, ela colocou a menina adormecida nos braços de Théodore, que conduziu a visitante até a porta de saída.

Cândido e Eugênia, que observavam de longe a cena, comentaram em voz baixa.

- Está pensando o mesmo que eu, Eugênia? - perguntou Cândido.

Eugênia sorriu.

- Provavelmente sim, meu querido. Ah, rogo a Deus que um pouco de felicidade e alegria venha pousar no coração do nosso filho.

- Que assim seja - completou Cândido.

Com o passar do tempo, Amália realmente se mostrou uma cuidadora devotada e carinhosa de Isabelle, e também de toda a família.

A menina, apesar de ainda sofrer severamente os ataques de Ametista, encontrou em Amália um refúgio seguro para seus medos. Como ela se acalmava na presença da jovem, era muito comum que Amália estivesse presente também nas reuniões familiares, que aconteciam aos finais de semana. E então, em pouco tempo, Amália se fizera peça fundamental naquele lar, e Théodore já não podia negar o carinho e a admiração que nutria pela jovem. Era comum ver os três brincando no jardim da casa, alegres e despreocupados como uma linda e harmoniosa família.

"Ah, como são dadivosas as famílias que se reúnem não pelas convenções da Terra, mas sim pelas convicções do amor puro e desinteressado! Aos olhos desavisados, eles seriam apenas uma jovem empregada com um solitário viúvo e uma triste menina órfã. Mas, aos olhos de Deus, eles são uma família verdadeira, que se encontrou em suas dores e dificuldades, transformando suas cruzes em abençoado oásis de aprendizado e paz", dizia um dos amparadores espirituais daquela família.

Dois anos depois, Théodore decidiu declarar-se a Amália e também tornar público o namoro dos dois. Casariam-se no ano seguinte. Mais uma vez, grande era a alegria daquela casa. Mais uma vez, Cândido e Eugênia vibraram por mais um bonito encontro que se organizava naquele lar.

Porém, havia ainda a sombra de Ametista sobre aquela família. Ela, que não descansara durante todo esse tempo, revoltava-se ainda mais com as vibrações de amor e alegria que sentia reverberar naquela casa. Até mesmo a menina não cedia mais às suas investidas como antes... Então, vendo-se quase derrotada, ela decidiu reforçar os ataques à Isabelle e também àquela nova integrante da família, que tanto a atrapalhava. Para isso ela utilizou-se do espírito conturbado de Maria das Dores, que, cega pelo ciúme, passou a obsediar Amália e também a própria filha.

Maria das Dores passou praticamente a morar na casa dos antigos sogros. Sofria com cada demonstração de carinho de Théodore para com Amália, e principalmente sofria ao ver que a filha nutria pela noiva do pai um amor de filha - o amor que ela nunca havia tido tempo de receber. Isso a revoltava. Durante a noite, aproveitando-se do desdobramento de Isabelle, ela tentava uma aproximação, mas seu aspecto sofrido e as emanações de energias densas que ela exalava faziam com que a menina fugisse da mãe, assustada, acordando aos gritos no meio da noite. Naquela noite em especial, Amália dormira na casa do noivo, pois havia uma semana que Isabelle sofria com pesadelos terríveis. E, ao ouvir os gritos da menina, correu para o seu quarto. Isabelle estava sentada na cama, em um choro convulsivo. Amália sentou-se ao seu lado, abraçando-a.

- O que houve, Isabelle? Mais um pesadelo? - perguntou-lhe a jovem.

- Sim! Eu a vi! Eu a vi!

- Acalme-se querida. Quem você viu?

- Eu vi a mulher do quadro. A minha mãe...

- Não fique assustada. Sua mãe lhe ama muito.

- Mas ela virou um monstro! E tentou me agarrar. Tinha muitos bichos perto dela!

- Entendo. Mas não fique triste. Vamos fazer uma oração para ela?

- Eu não quero ter uma mãe monstro, papai! - disse a menina a Théodore, que observava tudo da soleira da porta.

- Sua mãe não é um monstro, meu bem. Ela só está um pouco perdida - respondeu ele, indo juntar-se às duas.

- Por que a Amália não pode ser minha mãe? Por quê?

- Ah, minha pequena, eu teria muita felicidade em ser sua mãe - respondeu Amália. - Mas sua mãe é a Maria das Dores, e eu jamais poderei substituí-la.

- Mas eu queria tanto! - choramingou a menina. Théodore olhava para Amália, consternado. A jovem respirou fundo e voltou-se para Isabelle.

- Escute, querida. Pensei em uma solução. Que tal fazermos uma oração para a sua mamãe, e nessa oração pedirmos a ela para me deixar ser sua mamãe aqui na Terra?

- Podemos fazer isso? - perguntou a menina, enxugando as lágrimas.

- Podemos, sim. Assim você terá duas mamães. Uma no céu e outra na Terra. O que você acha?

- Duas mães? Sim, eu quero! - respondeu a criança sorrindo.

- Ótimo, vamos orar para ela, então. E a partir de hoje faremos isso todas as noites antes de dormir, está bem?

- Está bem! - disse Isabelle, levando as duas mãozinhas unidas ao peito.

- Então repita comigo: mãezinha do meu coração...

- Mãezinha do meu coração... - repetia a menina

- Eu a amo tanto...

- Eu a amo tanto...

Théodore deixou as duas naquele delicado momento e voltou para o seu quarto, pensando em como era triste que tanto ele quanto sua filha fossem atormentados por suas mães, que estavam perdidas no plano espiritual.

O espírito Maria das Dores continuava no quarto, observando a cena. Não havia dúvida de que Théodore, sua filha e aquela jovem agora formavam uma nova família, e não havia nada que ela pudesse fazer, a não ser se conformar. As palavras contidas na oração de Amália e repetidas com tanta doçura por Isabelle lhe tocavam o coração. Como ela pôde ser tão má a ponto de pensar que deveria atrapalhar a vida de sua própria filha? Como pôde infernizar a vida de Amália durante esse tempo? Ela sabia que deveria ser grata àquela moça pelos cuidados que dedicava à sua filha, embora fosse difícil de aceitar. Lembrou-se dos ensinamentos colhidos nos grupos de estudos espíritas. Lembrou-se dos temas de *famílias universais*, que informavam que na espiritualidade os laços são bem mais amplos e não possuem as mesmas características de posse que têm na Terra. Sim, ela lembrava-se com clareza de todos esses conceitos, e agora via que era muito difícil colocá-los em prática.

- Mas é o que devo fazer - pensou. - Irei agora mesmo até Ametista e direi a ela que não vou mais fazer plantão na casa dos meus sogros. Já chega! Ela não vai mais me obrigar a desequilibrar minha filha.

Chegando ao lugar onde Ametista e seu bando ficava, Maria das Dores disse à sua algoz tudo o que havia visto e tudo o que havia decidido fazer.

- Então você não irá mais me ajudar na minha empreitada? - perguntou Ametista friamente.

- Não. E quero que você e todos os seus amigos deixem de obsediar minha filha e minha família - respondeu Maria das Dores, tremendo por dentro.

O bando começou a gritar:

- Nossa... Ela disse *obsediar*! Está falando como um deles? - disse uma figura gigantesca que ficava sempre ao lado de Ametista.

- Venha, irmã. Não quer me dar um passe? - disse outra figura que rastejava aos pés de Ametista.

A risada foi geral. Ametista fez um sinal para que todos se calassem e olhou para a jovem à sua frente.

- Muito bem. Como não quer mais me ajudar, eu mesma farei o trabalho. Afinal, você não vinha obtendo muito sucesso mesmo.

- Você não vai deixá-los em paz, então? - perguntou Maria das Dores.

- Você sabe que não - respondeu Ametista.

- Então eu vou embora. Não faz nenhum sentido eu ficar aqui com vocês.

- Você pode ir embora. Faça o que quiser. Mas, antes, peço apenas que assista a uma coisa.

- Que coisa?

- Há muito tempo venho fazendo alianças entre amigos que possuem capacidades hipnóticas. Finalmente consegui encontrar um que possui grande poder de resgatar a memória das vidas passadas em encarnados.

- O que quer dizer com isso?

- Quero dizer que até agora eu estava apenas ensaiando o verdadeiro golpe que quero dar naquela família. Durante todo esse tempo eu vim estabelecendo conexões e abrindo janelas no inconsciente da menina Isabelle para que eu pudesse chegar exatamente no ponto em que eu queria.

- Que ponto?

- Na sua última vida passada. Com a ajuda do meu amigo, essa noite mesmo eu irei abrir em sua mente a janela de sua última encarnação e, com ela, a lembrança de seu último desencarne, que, se bem me recordo, foi muito, muito penoso.

- Não vou deixar que você faça isso com a minha filha! - gritou Maria das Dores precipitando-se para Ametista. O bando a conteve rapidamente, segurando-a pelos braços. Ametista ria.

- Não vai deixar? Ora, se você me ajudou a chegar até aqui! Você, com sua presença, ajudou muito no desequilíbrio da menina. Agora falta apenas o toque final. E, como eu sou generosa, deixarei que assista a tudo antes de sua partida.

Ametista e seu bando, o qual levava Maria das Dores presa pelos braços, chegaram até o quarto de Isabelle. Ametista aproximou-se da menina, acompanhada por uma estranha figura.

Isabelle dormia tranquilamente após a oração que fizera junto com Amália. Ametista, com seu colaborador, começou a emitir as vibrações para iniciar o processo hipnótico. O espírito de Isabelle, que estava desdobrado em uma colônia de refazimento, sentiu o chamado e precipitou-se para os portões de saída. Sua protetora, intuindo o que acontecia, pediu-lhe:

- Isabelle, não se deixe levar por essas emanações de dor. Venha. Fique aqui conosco e faremos uma oração para esses irmãos.

- Não! Eles estão falando tantas coisas na minha cabeça. Eu preciso saber, preciso! - repetia a menina.

- Pense em Jesus, Isabelle. Não entre nessa vibração nem tente excursionar pelo passado. Ele só lhe trará dor - pedia sua protetora.

-Não! Meu nome não é Isabelle. Não é Isabelle! Por que vocês nunca me falam a verdade? - gritava a menina, já começando a entrar no processo hipnótico.

- Venha, meu bem, me dê sua mão. Afaste-se do portão. Nós não poderemos protegê-la se você não decidir sair.

Isabelle olhou para a mão da protetora à sua frente e depois a fitou nos olhos. Ela não lhe era estranha, embora não se lembrasse de onde realmente a conhecia. Era tudo tão confuso!, ela pensava. Olhou para o portão à sua frente, que ficava sempre aberto. "Vocês são livres para ir e vir, desde que tragam bons pensamentos e intenções de amor" - era o que estava escrito na entrada. Do lado de fora, surgiam imagens suas em outra vida, em outro país. Era muito tentador. Ela precisava saber quem era, e não iria esperar o tempo que sua protetora lhe pedia. Ela correu para o lado de fora, em busca das imagens que lhe chamavam, qual isca de uma terrível armadilha.

No momento em que ela se entregou totalmente ao

processo hipnótico, seu espírito voltou rapidamente ao corpo, que já se debatia na cama. Em sua cabeça, imagens de sua outra infância e adolescência. Ela se lembrava! Ela era Marie-Eunice, havia nascido na França e era de família nobre. Lembrou-se da morte de seus pais, de sua mocidade no convento, dos conselhos de sua tia Ametista para que partisse em missão para a África, e depois o terrível incêndio. Sim, ela via! As freiras gritavam tentando salvar as crianças daquele abrigo improvisado. Crianças choravam. Ela tentava salvar três delas. Duas pequenas e uma mais velha. Colocou as duas menores nos braços e tentou puxar a outra pela mão, as labaredas crescendo assustadoramente. Outras crianças à sua frente lhe pediam socorro em uma língua que ela não entendia. Elas choravam e lhe estendiam as mãos, mas ela não conseguia ajudá-las. Tentou correr para o lado de fora e tropeçou em algo. Era uma freira, sua amiga, que caíra consumida pelas chamas.

O fogo continuava destruindo tudo. Labaredas imensas lambiam as paredes e o teto de lona, fazendo-os desaparecer em questão de segundos. No caminho da saída, mais crianças. Algumas já mortas, carbonizadas, outras ainda agonizando, gritando em meio às chamas que lhes tomavam todo o corpo. Não havia mais ninguém vivo ali, além dela e daquelas três crianças. Uma delas começou a desvanecer em seus braços e a outra gritava apavorada. A criança maior, que lhe seguia os passos segurando a barra de seu hábito, permanecia calada, os olhos vidrados, amedrontada com tudo que via. Ela tinha que sair dali o mais rápido possível. Seu peito doía a cada respiração. Suas narinas queimavam. Seus olhos já não distinguiam mais nada. À sua frente ela viu um buraco, um buraco de tamanho médio que o fogo fizera na pesada lona que cobria o abrigo. Deveria ser suficiente para eles passarem. "Tem que dar", ela pensou, e correu naquela direção. Colocou no lado de fora primeiro a criança maior e depois entregou a ela as outras duas.

– Corram! – ela disse, em uma das poucas palavras da língua local que sabia, pois costumava brincar de corrida com elas durante o intervalo das aulas.

A criança a olhou assustada e, após ela repetir o comando, saiu em disparada, levando desajeitadamente as outras duas no colo.

Ela olhou à sua volta. Ainda ouvia gritos, gritos terríveis! Ela tentava revirar o que via pela frente para encontrar alguém que ainda estivesse vivo, mas só encontrava corpos carbonizados por onde passava. Os gritos continuavam, e ela continuava procurando desesperada. Ficou tanto tempo nessa situação que nem se deu conta de que também seu corpo estava no meio dos mortos, caído inerte, sufocado pela fumaça, ao lado do buraco onde ela fizera passar as crianças que conseguira salvar, as únicas sobreviventes daquela terrível tragédia. Seu espírito, em choque pelo quadro à sua frente, desprendera-se do corpo em uma velocidade assustadora e, impelido pela vontade de ajudar, nem sentira as vibrações de dor que seu corpo captara em seus últimos instantes. Somente após alguns minutos é que ela visualizou a figura de cinco reluzentes enfermeiros entrando naquele lugar ainda cheio de fumaça. Eles amparavam e socorriam outros espíritos que, assim como ela, estavam presos ali, apesar de já terem se desligado do corpo.

Ametista, que acompanhava o desenrolar dessas imagens na cabeça da menina, ordenou que o hipnotizador estacionasse sua memória exatamente no momento em que ela tentava salvar as crianças, deixando-a na mesma vibração de desespero e sofrimento que havia experimentado no passado.

- Se ela permanecer assim, em pouco tempo vai se instalar um quadro grave de esquizofrenia - disse o espírito responsável pela hipnose.

Ametista levantou-se e, saindo do quarto, disse:

- Pois que seja. Já está na hora dessa família saber do que realmente sou capaz.

Com a saída do grupo, Isabelle conseguiu acordar daquele terrível pesadelo, embora as imagens e sensações estivessem gravadas violentamente em seu espírito. Ela gritou desesperada pedindo por ajuda, dizendo que um fogo terrível a consumia. Todos da casa acordaram com os gritos e foram socorrê-la. Um médico foi chamado e, após diagnosticar um ataque de histeria, sugeriu a internação da menina.

Passaram-se três meses e Isabelle continuava padecendo envolta pela agonia de suas dolorosas lembranças. A família inteira se desdobrava em cuidados, colocando-se em vigília dia e noite no leito da menina. Todos, Cândido, Eugênia, Théodore e Amália, sofriam pelo estado lastimável de tão adorada criatura. Os quatro, abatidos, eram a expressão da desolação e da tristeza, um quadro que Ametista tanto gostava de apreciar. Ela acompanhava de perto esses momentos de dor da família, e estava sempre de prontidão, fortalecendo os laços nocivos que tinha com Isabelle para que ela não cedesse às súplicas e orações da família e de seus amigos espirituais.

Maria das Dores, que havia assistido a tudo aterrorizada, fugira cheia de culpa e remorso por ter contribuído para que a filha chegasse naquele estado.

Seu espírito errante vagou por diversos lugares onde a dor era a companhia. Um dia, após mais uma longa caminhada, encontrou à sua frente uma escada. Decidiu subir por ela para ver se sairia em algum lugar. Mas depois de um tempo viu que, por mais que subisse, nunca chegava ao fim. Após horas e horas de tentativa, sentou-se em um dos degraus. Sentia-se cansada e perdida.

"Que saudades do meu pai e da minha mãezinha. Como eu queria um pouco de descanso. Como eu gostaria de esquecer um pouco tudo isso que está acontecendo", ela pensava.

– Onde estão os amigos espirituais que me ajudaram na primeira vez? – ela se perguntou. – Seria bom receber um daqueles passes magnéticos e dormir por dias e dias.

Maria das Dores ficou por um bom tempo nesse colóquio íntimo, em que aos poucos ia ordenando as ideias e as emoções. No final do dia, quando já estava quase escurecendo, ela notou que uma pessoa também subia as escadas e se aproximava do lugar onde ela estava.

– Olá, Maria. Que bom vê-la. Nossa! Quantos degraus, não? Estou cansado de tanta subida. Se incomoda se eu me sentar aqui ao seu lado para descansar um pouco também?

– Não, pode se sentar. Mas de onde você veio?

- Ah, vim do mesmo lugar que você. Do começo da escada. Também fiquei curioso para saber aonde ela ia dar.

Maria o olhou desconfiada.

- E como sabe o meu nome? - perguntou

- É que já conheço você há muito tempo. Agora você não irá conseguir se lembrar, tem muita coisa acontecendo na sua cabeça, não é?

- Sim. Parece que nesse lugar todo mundo traz os pensamentos para o lado de fora da cabeça. Você vê os quadros de imagens que ficam pendurados acima da cabeça de toda essa gente sofredora daqui?

- Sim, vejo. Alguns são terríveis, insuportáveis de olhar, mesmo por alguns segundos.

- E você também vê as imagens que carrego?

- Sim. Vejo que você está sofrendo muito, por causa da sua filha.

- Sim, minha menina sofre muito e tenho medo de que ela desencarne e venha parar aqui nesse vale de lágrimas.

- Entendo. E você não quer isso para ela, não é?

- Não. Claro que não. Não desejo esse lugar para ninguém. Aqui só existem loucos e degenerados, desculpe-me a sinceridade.

- Tudo bem. Eu só estou aqui de passagem mesmo.

- Sei. Todos dizem isso, mas acabam sempre voltando para cá. Parece que a gravidade dos nossos equívocos é maior do que qualquer força.

- Não sei. Concordo que a gravidade das nossas culpas nos arrasta para o chão de forma implacável, mas também acredito que temos uma força que pode nos impulsionar.

- Impulsionar para cima, você quer dizer? - disse Maria, olhando para o alto, tentando entender onde seria o fim daquela escada.

- Ou para os lados. Tudo é uma questão de perspectiva, Maria. Veja que muitos que aqui estão vez ou outra também vislumbram o céu, mas se sentem desencorajados pela enorme distância que os separa de lá.

- Realmente. É tão longe e tão impossível reunir todas as qualidades e forças para chegar até lá que acabamos nos conformando por aqui mesmo. É mais realista.

- Concordo. Chegar ao céu não deve ser tarefa fácil. Eu mesmo nunca nem tentei.

- Não? Nunca?

- Não. Estive muito ocupado visitando outros lugares que, como você falou, são bem mais realistas.

- Que tipo de lugares?

- Ora, você sabe, Maria. Já estudou sobre isso. Não se lembra? Falo das colônias de refazimento, dos hospitais de socorro, das universidades, dos centros de estudo, dos postos de trabalho. Todos lugares muito realistas, como esse aqui. A única diferença é que neles trabalhamos para nossa melhoria. Não vislumbramos o céu em algum lugar distante, mas o fazemos dentro de nós, com a paz que sentimos por estar colaborando para nossa melhoria e também para a melhoria de outros.

- E você consegue chegar nesses lugares?

- Sim. Na verdade eu moro em um deles.

- E o que você está fazendo aqui?

- Ora, Maria, ainda não está claro para você?

Maria pensou um pouco e olhou para o rapaz.

- Você veio me buscar?

O rapaz levantou-se e estendeu-lhe a mão.

- Não gostaria de vir comigo?

A jovem hesitou por um momento.

- Mas e a minha filha?

- Você sabe que só poderá ajudá-la se estiver bem. Gostaria mesmo que ela chegasse aqui e a visse nesse estado?

- Então você acha mesmo que Isabelle pode desencarnar?

- Temos que nos preparar para tudo, Maria. O estado dela é grave e por isso precisamos que esteja em equilíbrio para poder auxiliá-la, caso chegue aqui precocemente.

Maria olhou para o alto da escada.

- Acha que conseguiremos subir tudo isso? - perguntou.

- Não é esse o caminho, Maria. Quando ainda não estamos em condições de olhar para o alto, devemos olhar para o lado. Desse modo, descobrimos que existem outras perspectivas além daquela em que estamos, e além daquela que ainda não conseguimos alcançar.

- Mas, então como?

- Concentre-se, Maria - disse o rapaz, tomando-lhe uma das mãos.

Nesse momento, envolvida pela energia daquele moço, Maria viu dilatar-se todo ambiente à sua volta. Viu que na verdade não existia escada nenhuma, pois aquilo era apenas uma criação dos seus pensamentos conturbados. Ao seu lado, viu vários rapazes e moças que, vestidos com roupas de enfermeiros, auxiliavam os diversos espíritos que se arrastavam por aquele lugar. Seus semblantes eram de doçura e serenidade, apesar do lugar em que se encontravam. Olhando aqueles jovens, ela se lembrou da paz que experimentava ao realizar os trabalhos no grupo de jovens de sua amada casa espírita. Lembrou-se de como era bom experimentar aquela paz em comunhão com seus amigos, e lágrimas lhe vieram aos olhos. Olhou para o rapaz ao seu lado, que acolhia sua mão com tanta ternura, e viu que a roupa dele se transfigurara no mesmo traje dos outros jovens.

- Vamos, Maria. Há muito esperamos por você.

- Sim. Eu vou. Já é hora de tomar juízo... - respondeu.

E enquanto acompanhava seu amigo para fora daquele ambiente, ela comentou.

- Mas agora eu me lembro de você! Você é o enfermeiro que cuidou de mim durante aqueles dias. Qual o seu nome mesmo?

- Mateus. Pode me chamar de Mateus...

E os dois partiram para o que parecia ser uma nova fase no caminho de renovação espiritual de Maria das Dores.

***

Enquanto isso, na família de Cândido, a situação continuava cada vez mais crítica. Os três se esforçavam para dar continuidade aos trabalhos da casa espírita, enquanto

Amália se desdobrava nos cuidados com Isabelle, que permanecia internada.

Uma tarde, quando toda a família estava reunida em torno da menina, o médico que cuidava dela explicou:

- O seu caso vem se agravando a cada dia. A quantidade de sedativos que ela vem tomando é muito grande para a sua idade.

- E não podemos diminuir os remédios, doutor? - perguntou Théodore.

- Nas vezes em que tentamos, ela se mostrou muito agressiva, chegando até a se machucar e a machucar uma das enfermeiras. Seu quadro de esquizofrenia é muito grave.

- O quadro obsessivo está muito avançado - comentou Cândido.

- O que disse? - perguntou o médico.

- Nada. Não se prenda as minhas palavras. Por favor, continue. Há algo mais que possamos fazer?

- Não muito. Temos que esperar que os remédios a tirem dessas alucinações para que possamos tentar, com o tempo, uma terapia. O problema é que...

- Que problema? Diga, doutor - instou Eugênia, preocupada.

- O problema é que, devido à sua idade e à fragilidade do seu corpo, tememos que ele comece a entrar em colapso.

- Você quer dizer que minha filha pode morrer devido a essas alucinações? - perguntou Théodore.

- Não diretamente devido às alucinações. Seu corpo

vem sendo castigado dia e noite por convulsões fortíssimas, e há muito ela se alimenta apenas com o soro, pois rejeita qualquer tipo de alimentação mais substancial. Além disso, as crises nervosas têm afetado o seu coração, que já vem apresentando oscilações preocupantes para a sua idade. Desculpem-me, meus amigos, mas diante desse quadro é meu dever prepará-los para o pior.

A família abraçou-se emocionada. Sabiam como tudo aquilo havia começado e sofriam com o terrível quadro em que tudo se transformara.

Cândido, devastado pela dor, pediu ao médico que os deixasse a sós com a menina e convidou a família para uma oração.

"Amado mestre Jesus, é com dor no coração que venho a você, neste momento, pedir um pouco de misericórdia. Há muitos anos minha família vem enfrentando essa terrível nuvem de sofrimentos e lágrimas. Sabemos das nossas dívidas pretéritas. Sabemos que nada há de injustiça nos desígnios de Deus. Porém, ó mestre, rogamos humildemente uma última chance, uma última chance de nos redimirmos dos nossos erros e buscar o reajuste necessário. Peço-lhe que proteja nossa menina Isabelle, que muito vem sofrendo as dores que deveriam ser minhas. Embora saibamos tratar-se de um espírito antigo, ela está agora iniciando uma nova caminhada, e nesse estado de inocência, em que mais se assemelha a um dos seus anjos, ela clama pela vida. Ajude-a, mestre amado. Ajude-a a atravessar os labirintos de seu passado, livrando-se de todas as tristes reminiscências. Conduza-a pelo caminho da paz, onde ela possa encontrar alívio e refazimento, e nos dê a graça de poder tê-la conosco um pouco mais. Apenas um pouco mais. Sabemos que uma vida terrena não representa mais que alguns minutos na espiritualidade maior, e são esses poucos minutos que pedimos, para desfrutar de sua tão doce companhia. Prometemos que nesses minutos a conduziremos em seus passos para que ela jamais se perca dos seus caminhos, mestre. Rogo à espiritualidade maior esse imenso favor. Sei que nada mereço, mas peço essa segunda chance para minha família. Rogo também aos irmãos que nos perseguem que tentem nos perdoar. Somos todos caminheiros nessa jornada de erros e acertos e nela nos revezamos entre vítima e algoz. Peço-lhes que esqueçam o passado e nos perdoem em seus corações, pois nossa Isabelle que, sofre terrivelmente, de nada tem culpa. Pedimos aos irmãos espirituais que nos sustentem neste momento, preparando-nos para aceitar também o pior, sabendo que tudo é sabedoria nos desígnios do Criador. Que seja feita a vontade do Pai amado, agora e sempre. Que assim seja."

Nesse momento, um espírito de irradiante luz entrou no hospital. Aos poucos sua intensidade luminosa foi diminuindo, para se moldar aos padrões daquele plano. Mesmo assim era notável sua diferença vibratória do ambiente em que adentrara.

- Elisa! Graças a Deus - disse um dos protetores espirituais da família, que acompanhava a oração de Cândido. - Sua presença aqui nos enche de esperança. Foram então ouvidas nossas preces? Haverá alívio para nossa menina?

- Salve, meus amigos. Que Jesus nos abençoe - disse a mulher de aspecto angelical, dirigindo-se a Isabelle e beijando-lhe a fronte. O corpo da menina estremeceu ao contato, experimentando um reconfortante alívio. - As preces de um coração sincero são sempre ouvidas - continuou Elisa, voltando-se para o grupo de colaboradores espirituais. - Há muito venho solicitando uma solução para o grave caso de obsessão que assola essa família. Nada temam. É chegada a hora da luz dissipar as trevas dos equívocos pretéritos. Essa perseguição acabará hoje, com a ajuda de Deus.

- Que assim seja, irmã. Diga-nos o que temos que fazer?

- Continuem confortando a família. É importante que seus corações continuem vibrando no amor e na resignação sincera. Somente assim encontraremos campo para implantarmos as barreiras sólidas que irão protegê-los nesse último embate contra as forças nocivas. Devemos organizar uma reunião mediúnica ainda para essa noite, pois trouxe comigo irmãos ligados a essa família por laços muito antigos. É o reforço que a espiritualidade maior enviou em resposta ao pedido de nosso irmão Cândido. Tenhamos fé no Criador, que tudo sairá a contento. Nos encontraremos esta noite na casa espírita, então. Até breve, irmãos. Que Jesus os abençoe.

Após a saída de Elisa, outro colaborador espiritual que acompanhava a família perguntou:

- Mas quem é esse espírito de tão rara beleza e de tão irradiante luz?

- Elisa é uma grande trabalhadora na seara de Jesus. Há séculos e séculos ela vem se ocupando do planejamento familiar de centenas de famílias na Terra. Habitante de uma colônia muito distante daqui, ela organiza junto às entidades de luz a reencarnação de diversos seres. Grande trabalhadora da engenharia divina, ela desenha a trajetória de cada espírito reencarnante, analisando detalhadamente seus históricos, seus medos, qualidades e deficiências para traçar em uma árvore genealógica antecipada, os ramos familiares aos quais cada um deverá pertencer.

- Que grande responsabilidade - comentou o espírito.

- Imensa. Entenda que, para ela, cada espírito reencarnado funciona como um fruto dessa gigantesca árvore por ela desenhada. E, qual a mãe natureza, ela sente em seu íntimo cada vibração de dor ou de alegria que seus frutos emitem, informando a bem-aventurança ou o insucesso de seus caminhos. Seguramente ela deve conhecer as ramificações que ligam os seres da família dos duques de Vincennes, atualmente na família de Cândido. Estou seguro de que sua presença aqui visa não apenas resolver as questões que envolvem Ametista, Isabelle, Théodore e Cândido, mas também questões de um passado muito, muito distante. Tão distante que talvez não nos seja nem permitido conhecer.

- É possível então que a ligação de Ametista com os duques de Vincennes seja ainda mais antiga?

- Provavelmente sim. É o único modo de entender tamanho ódio. Mas, como eu disse, haverá muita coisa nesse embate de hoje que estará além do nosso entendimento. De qualquer forma, sua presença aqui indica que o fim desse pesadelo está próximo.

- Mas e se Ametista e seu bando não recuarem? O que Elisa irá fazer?

- Com a autoridade que lhe compete, ela tem o poder de retirar de maneira imediata Ametista e todos os seus infelizes seguidores da presença da família.

- Mas e quanto ao livre-arbítrio?

- Em casos como este, casos em que forças implacáveis caem sobre corações que vibram em Jesus, a espiritualidade maior, representada neste caso por Elisa, reorganiza a trajetória desses espíritos mesmo à sua revelia, colocando-os inicialmente em distância segura de seus obsediados, e em seguida reencarnando-os compulsoriamente em posições favoráveis ao seu reajuste moral.

- Assim, será fácil de resolver então.

- Porém, a misericórdia divina nunca toma o caminho mais fácil se esse não ajuda na reeducação dos envolvidos. A engenharia divina que coordena as reencarnações visa sempre a evolução e o melhor aproveitamento de todos os seres. Observe que esse sofrimento tem se prolongado porque Cândido ainda se deixa abater pela culpa e Isabelle ainda se encontra presa nas reminiscências de um sofrimento de sua encarnação anterior. Sofrimento esse que considera injusto. Afirmo que, apesar da descomunal força de Ametista, são as emanações de revolta e culpa dos dois que sustentam esse sofrimento.

- Mas Isabelle, enquanto vivia como Marie-Eunice, teria merecido fim tão trágico? Afinal, ela desencarnou vítima de um incêndio criminoso, enquanto tentava salvar crianças inocentes...

- Ah, meu amigo. Infelizmente ainda não existem inocentes na Terra. Sempre que observarmos um aparente inocente que chora e sofre, podemos entender que ali está um irmão em resgate. E, como eu disse, são muitos e antigos os laços que unem essa família. Vejamos como se desenrolará essa história. Mas, por agora, devemos nos concentrar nas diretrizes dadas por ela e preparar nossos irmãos encarnados para uma reunião mediúnica emergencial.

Os colaboradores, divididos em duplas, saíram em busca dos trabalhadores da casa, intuindo em cada um o desejo de se comunicar com Cândido e sua família. Até o fim da tarde, unidos pela comunhão de solidariedade, todos os trabalhadores estavam reunidos na sala de espera do hospital.

- Cândido, meu amigo. Minha esposa e eu sentimos uma enorme necessidade de visitá-los para prestar nossa ajuda nesse momento difícil - disse um dos dirigentes da casa e amigo da família.

- Agradeço, meu amigo. Agradeço muito - respondeu Cândido. - Toda ajuda é bem-vinda nesse momento. E me parece que todos tiveram a mesma ideia. Veja quantos amigos da casa temos aqui.

- Ah, Eugênia! Que coisa mais estranha! Estava preparando o almoço quando ouvi uma voz que me dizia que eu precisava estar ao seu lado. E aqui estou, minha amiga. Conte comigo para o que precisar - disse uma médium da casa.

- E eu senti um aperto no coração ao lembrar-me da nossa menina Isabelle. Vim imediatamente para ver como ela estava - comentou outra colaboradora espírita.

- Vejam, meus amigos, o momento é grave, mas, mesmo em momentos como esses podemos experimentar a alegria do amparo divino - observou Eugênia. - Todos chegaram até aqui por uma mesma razão. Eu e Cândido estamos emocionados por vê-los aqui. Sabemos que essa improvisada reunião não é por acaso.

- E se fizéssemos uma reunião mediúnica essa noite, pai? - perguntou Théodore.

- Mas e Isabelle? - disse Eugênia.

- Amália ficará com ela. Cuidado melhor ela não poderia ter.

- Mas você irá participar, filho? Apesar de se ocupar dos trabalhos de caridade da casa, sabemos que as atividades mediúnicas nunca lhe despertaram grande interesse - perguntou Eugênia.

- É sempre hora de mudar, mãe. E eu farei qualquer coisa pela minha filha. Quem sabe não poderei ser de ajuda? Não possuo mediunidade, mas, tendo estudado sobre o assunto, saberei me comportar.

- Bem, se todos concordarem, acho que seria muito providencial. Afinal, se estamos todos reunidos aqui, de forma tão improvisada, deve ter algum motivo - comentou Cândido, dirigindo-se ao restante do grupo.

Todos concordaram com a reunião em caráter emergencial, e dali mesmo partiram para a casa espírita. O grupo era composto por cinco componentes. Cândido, Eugênia, um casal de médiuns e uma senhora que era responsável por dar sustentação energética aos trabalhos desse tipo, além de Théodore, que iria participar como observador.

Ao chegarem à casa, membros da equipe espiritual já os aguardavam, sorrindo animados ao verem que seus esforços haviam funcionado.

- Elisa ainda não chegou. Precisamos do reforço que ela irá trazer, do contrário não teremos força suficiente contra Ametista e todos que a acompanham - comentou um deles.

- Calma, irmão. Elisa virá com seus reforços e, se possível, contaremos ainda com outra presença que também nos ajudará - respondeu o colaborador mais velho.

- De quem se trata?

- Devemos esperar. Por enquanto sua presença ainda não é garantida.

Em outro plano, um pouco mais distante, Maria das Dores estava aflita esperando por seu amigo e protetor. Ela andava de um lado para o outro no pátio da grande escola em que estudava, que ficava dentro da colônia espiritual onde fora amparada. Ele havia prometido levá-la para visitar Isabelle, pois já a julgava em equilíbrio suficiente para ajudar a menina. Após alguns minutos, o rapaz apareceu na porta de entrada.

- Ah, Antoine! Que bom que você chegou! - disse ela, abraçando-o.

- Antoine? Então já se acostumou a chamar-me pelo meu verdadeiro nome? Fico feliz! - respondeu o enfermeiro.

- Sim. Afinal, é assim que você se chama, não é? Sei que se apresentou a mim como Mateus para que eu não me assustasse, afinal, naquele momento eu nem sabia ainda que havia sido Marie-Estelle.

- Sim. E que também fomos casados. Ah, Estelle! Você pode imaginar como eu sofri ao ver que você não me reconhecia? E que ainda sofria por outro? Quase não consegui cumprir a missão de te receber neste plano, te amparando e te orientando...

- Eu imagino, meu querido, mas você conseguiu, e a sua força me trouxe de volta à razão.

- E como você se sente? - perguntou o rapaz, olhando-a com ternura.

- Aflita. Nossa filha está em momento crítico, bem o sabemos. E me dói muito por mais uma vez não ter podido ajudá-la. Lembro-me dela ainda quando era Marie-Eunice, órfã de pai e mãe entregue aos cuidados de Ametista. Que tristeza, Antoine! Que triste morte teve nossa menina em sua última encarnação, e agora ela agoniza as mesmas dores sofridas tempos atrás.

- Acalme-se, querida. Você prometeu que se manteria serena, do contrário não permitirão sua presença na reunião de logo mais.

- Estarei tranquila. Prometo. Por outro lado, não sei como farei caso me depare com Ametista... Ela era minha irmã e me tirou a vida do corpo, envenenando-me aos poucos, e depois levou nossa filha a uma morte atroz, encomendando aquele incêndio criminoso.

- Deveremos ser fortes, Estelle. Bem sabemos que ainda existem muitos aspectos de nossas vidas passadas que desconhecemos. Como saber se em um passado ainda mais distante não fomos nós que fizemos Ametista sofrer? Não nos cabe julgar. Nossa posição na reunião de hoje não será de combate e sim de proteção e vibração de amor. Vibração de amor não só para nossa filha, mas também para todos que a cercam, sejam eles bons ou não.

- Tem razão, meu querido. Agora vamos. Sinto que nossa menina irá precisar de nós mais do que nunca.

- Vamos então. Me dê a sua mão e concentre seus pensamentos em nossa família terrena, que em breve estaremos lá.

Realmente, utilizando do magnetismo que une os espíritos afins através do pensamento, Marie-Estelle e Antoine logo chegaram à casa espírita, onde espíritos de considerável força energética lhes aplicaram passes, deixando-os mais serenos e em comunhão com a energia do local. Quando todos estavam sentados em volta da mesa, com os respectivos colaboradores espirituais, foi realizada uma fervorosa oração solicitando a permissão para o início daquele singular trabalho de desobsessão.

- Elisa ainda não chegou, irmão. É seguro entrarmos no ambiente que Ametista domina sem o amparo necessário? - perguntou um dos missionários.

- Confie, meu amigo. Ela virá no momento certo - respondeu o outro.

Após a prece inicial e as vibrações de sustentação, os médiuns e os colaboradores espirituais chegaram ao lugar onde Ametista e seus companheiros se encontravam.

- Irmãos - disse o médium -, o cenário que vejo é de desolação e dor. O ódio, a revolta e a repulsa às palavras do mestre Jesus aqui imperam. Devemos tomar muito cuidado, pois não vejo nenhum resquício da luz do nosso Criador. Estamos em pleno campo inimigo e não encontro suporte para propagar a energia que trazemos. Não vejo nem um grão de terra que possa receber as sementes de amor que trazemos. Os corações aqui presentes há muito estão ressecados pela mágoa insaciável que carregam. Que Jesus seja conosco em tão difícil empreitada.

Os médiuns, tanto do plano físico quanto do plano espiritual, concentraram suas forças emitindo rajadas de luz no ambiente em que adentravam.

- Alguém se aproxima! Jesus, me dê forças para expressar seus pensamentos através da minha fala. Suas emanações são demasiado asfixiantes - exclamou uma das médiuns, começando a contorcer-se na cadeira, em notável expressão de dor.

Seu mentor colocou-se à sua retaguarda, protegendo-lhe as energias vitais e amparando-lhe para a tarefa de comunicação.

- Irmão - disse Eugênia, dirigindo-se ao espírito através da médium -, peço que não maltrate a irmã que tão generosamente lhe cede as faculdades fônicas para que possa se comunicar. Não será permitido nenhuma violência nesta mesa. Viemos em missão de paz.

Após a adaptação do padrão vibratório, o espírito, momentaneamente domado em seus instintos mais violentos, começou a dar os primeiros sinais de comunicação. Mas, embora contido em suas tendências agressivas, toda a sua composição energética vibrava ódio e revolta.

- Seja bem-vindo. O irmão sabe por que o chamamos até aqui, não sabe? - perguntou Eugênia.

- Posso imaginar - respondeu o espírito comunicante. - Querem salvar a menina, não é?

- Não, irmão. Não queremos salvá-la, porque ela já está salva. Pois, assim como você, ela é filha de Deus. Queremos apenas que ela pare de sofrer, e que o irmão a livre de sua influência.

- Você sabe com quem está falando? - perguntou o espírito em tom desafiador.

- Não. Mas ficaria feliz se você se apresentasse.

- Sou aquela que organizou isso tudo. Sou aquela que há muito vem buscando fazer justiça. Sou aquela que, antes de você, ocupou a posição de esposa de Cândido.

- Ametista... - disse Eugênia, mantendo a serenidade.

- Exatamente. Eu mesma vim lhes falar, para que desistam de uma vez por todas de suas inúteis intervenções. A menina Isabelle está ligada à vida apenas por um frágil fio. Fio esse que estamos trabalhando para remover em questão de minutos.

- Acha mesmo que tem esse poder, irmã? De decidir sobre a vida de seu semelhante?

- Ela não tem nada de "minha semelhante". E, sim, respondendo à sua pergunta. Acho sim. Afinal, assim não o fiz no passado? Não dei cabo dela naquele incêndio, e também da mãe dela anos antes?

- E de que valeu tudo isso, Ametista? Por acaso encontrou nesses atos alguma vantagem?

- Ah! Vejo que a "irmã" não conhece o prazer de ver destruídos os seus inimigos...

- Felizmente não. Mas sei que esse prazer é momentâneo, e que a sede de vingança nunca tem fim. Acha mesmo inteligente dedicar-se tanto tempo a uma atividade tão inútil, irmã?

- Inútil? Como inútil, se vejo que eles sofrem e morrem em minhas mãos?

- Mas também revivemos, bem o sabe. Veja. Veja que ao seu lado estão Antoine e Marie-Estelle. Espíritos que você tentou destruir e enganar. Pode até ter conseguido se livrar do corpo físico de alguns deles, mas veja que aí estão eles. Mais fortes e unidos do que nunca.

- Malditos... Eles não poderão escapar para sempre. Posso encontrá-los em qualquer lugar.

- Não, irmã. Não pode. Existem lugares onde sua revolta não possui passe livre. Mas me diga: por que tanto ódio desses nossos irmãos? Explique-nos, Ametista. Por que essa vingança contra essa família?

- Terras. Muitas terras... Eles nos roubaram tudo, nos deixando na miséria. Isso aconteceu há muito tempo atrás. Marie-Estelle ainda tinha outro nome e junto com seu marido levou a minha família à ruína. Foi assim que eles amealharam a fortuna que os levou à posição de duque e duquesa de Vincennes. Eles desfrutaram de uma vida de facilidades, festas, orgias, enquanto eu via meus pais morrerem vítimas da fome e da penúria que nos cercava. Éramos imigrantes espanhóis e, a custo de muito trabalho, conseguíramos comprar terras. Marie-Estelle, que na época se chamava Clarice, induziu seu marido a roubar-nos em uma terrível manobra com as autoridades locais, forjando documentos que lhes davam plenos poderes sobre as nossas propriedades. Mas tudo era nosso! Tudo que é hoje o ducado de Vincennes pertencia à nossa família! E eles nos expulsaram das terras onde havíamos derramado o suor de nosso trabalho. E para quê? Para obterem um título de nobreza!

"Eu e meus pais fomos viver em um casebre e, após a morte deles, eu, que já estava em estado deplorável, vi-me em situação ainda pior, pois descobri que esperava um filho. Ah! Como eu desejei aquele filho, mesmo vislumbrando a dificuldade do futuro. E então, tocada pelos sentimentos maternais de proteção pela vida que carregava no ventre havia apenas dois meses, decidi esquecer meu orgulho e ir até a suntuosa propriedade que a família dos então duques construíra em nossas terras. Eles não estavam em casa, mas a filha do casal me recebeu. Era Marie-Eunice, que na época se chamava Clara e que hoje vocês conhecem por Isabelle. Tínhamos a mesma idade e eu lhe supliquei por ajuda, pensando encontrar compreensão em seu coração jovem. Mas que grande engano! Ela compartilhava dos mesmos ideais de ambição dos pais e, vendo-me como uma ameaça aos seus planos, colocou-me em uma armadilha fatal. Aparentando solidariedade com o meu sofrimento, deu-me algumas roupas velhas e mantimentos e, prometendo me ajudar mais, colocou-me em uma carruagem que me levaria de volta a minha casa. Cansada de tanto sofrimento, aquiesci. Queria apenas um pouco de amparo. Um trabalho, talvez... Ainda não pensava em vingança.

Mas o acontecimento seguinte logo me mostrou o triste destino que me acenava. Orientados por Clara, os homens que me levariam até a casa pararam a carruagem no meio da estrada e, me jogando no chão, fizeram do meu corpo o que bem entenderam. Ninguém pode imaginar o que sofri nas mãos daqueles animais... Quando finalmente eles ficaram satisfeitos, me mataram a pedradas, assim como se mata um animal. *Desencarnei*, como vocês falam. Fiquei por muito tempo vagando nessas zonas que hoje conheço tão bem. Até ser convencida por um espírito como vocês de que deveria aceitar uma nova oportunidade, voltando à carne. Que ironia a reencarnação! Dizem ser a consoladora dos espíritos errantes, mas não passa de uma grande sádica, colocando-nos no colo daqueles que nos arruinaram no passado. Nasci mais uma vez em uma família pobre e tive como pai o mesmo homem que roubara as terras do meu pai, e como meia-irmã a sua cúmplice. E o pior: tive que conviver como tia daquela que em outra vida me jogara aos lobos! E vocês querem falar de maldade? Pois eu falo de justiça! O fogo foi pouco para ela. Eu lhes digo que, assim que ela deixar esse corpo frágil de criança, seu espírito irá sofrer dores inimagináveis; e Cândido, que também se pôs no meu caminho, sofrerá o mesmo fim caso não desistam desta intervenção inútil.

- Perdão, perdão! - gritou Marie-Estelle, através de outra médium. - Eu não sabia que iria causar tanta dor a você. Perdão, minha irmã!

- Não sou sua irmã! - vociferou Ametista. - Você não sabe o quanto eu odiava quando me chamava assim! Não sabe o esforço que eu fazia para dominar meu asco quando você me abraçava. Na época, apenas o instinto me protegia de você, pois eu sentia um ódio imenso quando você se aproximava. Ora, às vezes eu até sentia remorso por odiar você e sua mãe, pelo ridículo esquecimento que a encarnação impõe. Mas hoje eu sei, sei de tudo! Você não me engana mais. Eu vejo tudo Marie-Estelle. Vejo muito além da sua atual aparência doce e cativante. Vejo a mulher ambiciosa e vulgar que não hesitou em destruir toda uma família apenas para gozar de uma posição de nobreza.

- Ah, Ametista, se você soubesse o quanto me arrependi de tudo isso. Também eu sofri longos períodos de dor ao me dar conta, no plano espiritual, das consequências terríveis dos meus atos. Espectros sombrios me esperavam o desenlace do corpo físico para me cobrarem os juros dos sofrimentos que eu lhes causara. Como é terrível a moratória imposta aos desajustados morais! Sofri, Ametista. Sofri muito também, até me ser dada uma segunda chance de reencarnar.

- E reencarnou como a filha da duquesa de Vincennes! Acha justo, então? - gritou Ametista.

- Sei que pode não parecer, mas essa foi a solução encontrada pela espiritualidade para que eu pudesse resgatar os meus débitos. O ducado de Vincennes há tempos vinha sendo regido por mãos caridosas, como as da nossa mãe Desirée. Ela me recebeu como filha para que eu pudesse ajudá-la a transformar a propriedade em um lugar de auxílio aos necessitados. Que alegria eu experimentei ao receber tamanha oportunidade de refazimento moral. Iria corrigir meus erros do passado amparando cada mãozinha doente que me fosse estendida, e cada corpinho desnutrido que se apresentasse à nossa porta...

"Eu e minha mãe, amigas de longa data, seríamos o arrimo de cada família que estivesse sem abrigo. Era essa a minha doce missão. Mas, ah! Sabia bem que não poderia experimentar o regozijo dos tarefeiros do bem sem antes recuperar as minhas dívidas mais recentes. Por isso pedi, pedi muito aos amigos espirituais que nos orientavam o planejamento reencarnatório para que pudesse receber você como membro da família. Procurei-te antes de reencarnar, pelos tenebrosos umbrais, clamando por perdão, mas você não me ouvia. Estava envolta no ódio e pensava apenas em vingança. Por isso desisti da ideia de te receber como filha, pois sabíamos que o grande antagonismo de nossos sentimentos não deixaria que os laços da maternidade tivesse êxito. Quantas vezes eu voltava para a colônia espiritual que havia me acolhido e de onde eu deveria sair para a minha nova missão em um estado grave de prostração... O remorso era tão grande que me consumia as forças. Eu precisava voltar à vida física para amparar não centenas de almas aflitas, mas apenas uma. A mais importante, eu não podia ajudar. Ela não aceitava a mão que eu lhe estendia, pois via nela a mancha da culpa. Após anos e anos de tentativa, conseguimos uma pequena aproximação; você aceitou a ajuda dos meus amigos missionários e aceitou ser conduzida às câmaras de refazimento, com a condição de que eu me mantivesse longe. Que grande alegria experimentei! Era um passo, um passo importante para a nossa reconciliação. Após a melhora do seu campo vibratório, que já não mais vibrava emanações tão rancorosas, iniciamos os processos reencarnatórios, meu e seu. Eu iria na frente e a receberia como irmãzinha querida, sustentando seus passos iniciais...

- E por que tive eu que nascer novamente em uma família pobre? Por que então não nasci como sua irmã legítima, filha da duquesa de Vincennes? Por que me foi dada mais uma vez uma posição humilhante?

- Porque sua vibração ainda continha muita revolta, Ametista. Revolta essa que só seria contida a custo das necessidades impostas por uma vida simples. Esperávamos que, quando chegasse ao nosso lar, estivesse imbuída dos sentimentos de resignação que as almas simples experimentam, mas nos enganamos. Suas primeiras atribulações vividas na infância só fizeram aumentar o ódio que sentia por nós; mas elas seriam as únicas, Ametista... Suas vicissitudes da tenra idade seriam apenas um início conturbado de uma vida coroada de paz e prosperidade. Nossa missão, minha e de minha mãe, era transformar o ducado em um campo de amparo às famílias em sofrimento. Desencarnaríamos cedo, eu, minha mãe e meu pai, e você seria a grande duquesa, a duquesa da caridade e do amor! Junto a um marido amoroso e dedicado, você regeria aquele pequeno reinado de fraternidade. Esses eram os nossos mais belos sonhos e aspirações para você, sonhos esses que organizamos com esmero. Veja que, de qualquer forma, deveríamos todos desencarnar bem cedo. Portanto, o ducado de Vincennes sempre foi seu. Nós apenas serviríamos para humildemente arar as terras da sua felicidade. Grande seria a sua ventura, Ametista! Quantos amigos laboriosos trabalharam para isso... E para o nosso êxito, bastaria apenas que um ingrediente viesse à tona. Um ingrediente pequeno, mas de vital importância na grande alquimia da vida: o amor. O seu amor. O seu amor por nós e por tudo aquilo que se apresentava à sua frente.

"Mas hoje vejo que talvez exigimos demais. Como pedir amor a um coração, se dele ainda não veio o perdão? Ah, minha irmã! Como tudo seria diferente se você não se tivesse deixado levar pela vingança! Esse sentimento terrível fez cair toda edificação de felicidade. Quando ainda jovem, e quando iniciou sua triste empreitada de punir-nos severamente os erros do passado, desarticulou-se todo um mecanismo de recuperação e reajuste que a espiritualidade tão pacientemente havia elaborado.

"Respeitando o seu livre-arbítrio, eles deixaram que você seguisse o caminho escolhido, mesmo sabendo que traria muita dor e sofrimento, principalmente para você. Nossos amparadores espirituais, que planejaram nossas reencarnações, mantiveram-se à retaguarda e aguardaram silenciosos seus próximos passos. Primeiro você agiu contra a minha honra, quando me enredou naquela artimanha, na noite dos meus quinze anos. Julgando apenas uma pequena vingança de irmã, nossos amparadores espirituais esperavam que você se desse por satisfeita e aguardaram confiantes sua recuperação moral, rogando que experimentasse um pouco de remorso pelo ato cometido. Mas infelizmente, a sede de vingança só aumentou com o passar do tempo. A partida de nossos pais, que deveria nos unir, serviu apenas para que eu ficasse cada vez mais à sua mercê, cedendo espaço para suas investidas. Ah, Ametista! No fundo eu sentia, sentia que tinha um débito com você, e por isso me curvava, obediente aos seus desmandos. Digo-lhe que, mesmo quando eu tomava os chás que me oferecia, eu sentia em meu íntimo que eles me tiravam as forças e que em breve também me tirariam a vida, como aconteceu. Mas sentia que de alguma forma deveria lhe dizer que te amava e que não importava o que você fizesse eu te amaria sempre.

"Desejava tanto o seu perdão! Precisava dele e, por isso, me entreguei mansamente às suas mãos assassinas. Asseguro-lhe que, quando me vi deste lado, desencarnada e em posse de todas as minhas memórias, nenhum ódio experimentei por você. Eu torcia para que você recobrasse a razão. Deixei minha filha em suas mãos. A mesma filha que fora vítima da minha influência de mãe fútil e que, por isso, cometera aquele terrível ato contra você, anteriormente...

"Torcia, junto com os amigos espirituais, para que vocês encontrassem, na condição de tia e sobrinha órfã, um entendimento, uma forma de se reconciliarem e transformarem suas desavenças pretéritas em seara de utilidade ao próximo. Ainda sonhávamos com o seu ducado de amor e fraternidade e esperávamos que, na companhia de Marie-Eunice, que havia colhido as melhores aspirações e nobres intenções na espiritualidade, você pudesse dar continuidade ao sonho de nossa mãe.

"Mas, infelizmente, sabemos que não foi assim que as coisas se deram. Mais uma vez, movida pelo instinto de revolta, você investiu impiedosamente sobre a minha menina, organizando aquele incêndio terrível. E finalmente você conseguiu tudo o que queria. Transformou-se na duquesa de Vincennes!

"Mas a custo de quanto sofrimento, irmã? Valeu realmente a pena? Agora estamos todos aqui, reunidos mais uma vez, todos tentando entender os acontecimentos de nossas várias existências nesse labirinto que parece não ter fim. E agora, Ametista, o que faremos? Por quantos séculos continuaremos nessa ciranda de mortes e renascimentos até que uma gota de perdão possa brotar do seu coração?

"Isabelle já pagou sua desventurada atitude pretérita morrendo de forma tão trágica. Irá continuar então a persegui-la por toda a eternidade? Não encontrou em seu íntimo nenhum motivo que a tire dessa triste convicção de ferir e destruir a tudo e a todos que a cercam? Até quando continuará essa imposição de terror e morte sobre nós?"

Ametista manteve-se em silêncio por um tempo. Não conhecia a versão dos seus algozes, e isso mudava a ideia que tinha de que todos riam e tramavam às suas costas. Mas, infelizmente, seu espírito estava muito acostumado ao emaranhado de dor ao qual se apegara com tanto prazer. Apesar de experimentar impressões novas, que, quais pequenas frestas, deixavam entrar timidamente a luz em um grande quarto escuro, o labirinto em que transformara sua existência precisaria de rajadas muito mais potentes para que ela finalmente enxergasse uma saída. E assim ela, mais uma vez, escolheu o caminho ao qual já estava acostumada.

– Só acabará quando eu disser que acabou. Como eu disse, a menina Isabelle em breve se juntará a nós, e aí, quando ela estiver livre do seu formato infantil, acertarei as contas com ela. Ela vai ter toda a eternidade para me explicar por que me atirou nas mãos daqueles animais.

- Então irá continuar com sua vingança, irmã? - perguntou Eugênia.

- Como eu disse, só acabará quando eu disser que acabou - respondeu Ametista friamente.

- Alto lá, irmã - disse Elisa, que entrava no ambiente naquele momento, sua irradiante luz causando um estremecimento em Ametista, seu campo vibratório fortalecendo a todos os irmãos que se empenhavam naquela difícil tarefa de reconciliação. - Há muito tempo estamos acompanhando seus desmandos sobre essa família. Muita coisa foi permitida para o aprendizado de todos, mas não pense a irmã que algum filho do Pai se encontra desamparado à mercê das investidas nocivas de quem quer que seja. Não tenha dúvida, Ametista, de que nada acontece nas moradas do nosso Criador sem que Ele tenha conhecimento. Suas atividades vêm sendo acompanhadas de perto por muitos irmãos que se dedicam à laboriosa organização reencarnatória. Acompanhamos cada pensamento seu, cada palavra e cada atitude de vingança. Estávamos com você, chamando-a à razão, até mesmo durante os seus atos criminosos. Eles somente foram permitidos porque, infelizmente, a infelicidade ainda reina em alguns mundos, e os crimes, se ainda não estão extintos nos corações dos homens, são transformados por nós em instrumentos dolorosos de reparação e aprendizado. Observamos vocês atentamente, como professores de um jardim da infância que veem seus pequenos caindo e machucando uns aos outros com a sua falta de conhecimento sobre a vida. Porém, também como mestres em um educandário, sabemos a hora de intervir com a severidade necessária. E é exatamente por isso que aqui me encontro. Para intervir de forma definitiva e para que esse jogo infantil de vinganças e artimanhas tenha fim. Muitas oportunidades lhe foram dadas. Muitos irmãos sofreram e se sacrificaram para que o ódio e o medo do seu coração se extinguissem, mas de nada adiantou. Esses irmãos passaram pela sua vida, cumprindo a missão deles de lhe ensinar o amor, algumas vezes até mesmo pagando com a própria vida para que você experimentasse algum arrependimento. E para a vida espiritual eles retornaram com o tesouro do aprendizado. E você, Ametista, me diga: o que ganhou? Somente dor e escuridão, não é? E medo. Muito medo. Sabe muito bem que aqui nessa sala posso ver você como nenhum outro pode. Sei que por trás dessa aparência imponente e assustadora existe ainda um coração de menina assustada. Indo ainda mais longe, vejo o coração daquela jovem que, ao descobrir-se mãe, sonhava com um futuro de paz para ela e para o seu filho.

– Tolices. Eu não vejo nada disso. Não adianta envolver-me com sua luz. Ainda não terminei o que aqui vim fazer – dizia Ametista, tentando se desvencilhar das energias benéficas que chegavam até ela.

– Como eu disse, Ametista – continuou Elisa –, eu vim pôr um fim a essa saga de dor e sofrimento. Essa sua vingança acaba agora. Essa noite mesmo você deixará de ter a influência que possui sobre essa família. Será colocada em um lugar que nem mesmo os seus amigos mais poderosos poderão contatá-la. Viverá em um lugar de escuridão; ali ninguém ouvirá seus clamores, e assim encontrará, finalmente, a escuridão que tanto procura.

- É esse então o castigo dado aos injustiçados?! - gritou Ametista, temerosa. - É esse então o destino que me espera após tanto sofrimento? É assim que o Criador pune seus filhos que se rebelam contra ele?

- O Criador não se ocupa de castigos, nem tampouco de edificar infernos. Esse lugar que eu descrevi foi construído por você mesma e também por outros irmãos que se afinam com os seus sentimentos sombrios. A escuridão é criada pela ignorância dos homens. A dor é originada por suas próprias paixões e vícios. Os homens perdem tanto tempo em construir suas derrocadas morais que nem se dão conta de que estão caindo nos precipícios cavados por suas próprias mãos. Nem percebem que se asfixiam em desespero devido ao próprio hálito de ódio que emanam. Esse lugar que lhe foi descrito, Ametista, não está em um espaço específico, pois Deus não criaria nem tampouco permitiria a existência de um lugar de tamanha dor. Esse lugar existe no seu coração. É dentro desse universo de caos que você e outros irmãos imantados no ódio se revolvem em séculos e séculos de agonia. É nesse labirinto grotesco que a humanidade insiste em permanecer construindo, dia após dia, com os rancores de suas paixões inúteis, as pesadas paredes de suas desaventuranças. Ah, se vocês soubessem como é fácil achar o caminho de volta! Como é simples achar a saída desse labirinto de mágoas! Daqui, assistimos a vocês correrem desesperados em busca de uma saída espetacular, um atalho fantástico, construindo ferramentas destruidoras que os façam derrubar os altos muros que os cercam, e lamentamos que a sua ignorância, que a sua míope visão não enxergue que a única ferramenta para dissipar as mágoas é o perdão, e que a única forma de alcançar a paz é a prática do amor. Infelizmente, muitos ainda preferem caminhar em círculos até que, após séculos e séculos, com os pés sangrando, recorram a nós para que possamos conduzi-los para fora desses corredores de dor. Eu então lhe pergunto, Ametista: é isso realmente o que quer para si? Veja os seus pés, observe suas pernas. Veja as suas mãos. Percebeu como eles realmente estão? Viu no que você se transformou, Ametista?

Ametista, com a ajuda do choque anímico oferecido no contato com a médium, conseguiu ter uma exata visão do seu estado espiritual. Ela olhou primeiro para suas mãos, que se alongavam assustadoramente, como garras de uma gigantesca ave. Em seguida, olhou para seus pés e pernas. Eles estavam completamente retorcidos, como se todos os seus ossos estivessem sido quebrados.

- O que vocês fizeram comigo? Meus pés! Minhas pernas! O que vocês fizeram com elas? E por que sinto também esse ardor me consumindo por dentro? Minha pele também queima! Por quê? Por quê? Ajudem-me! - gritava desesperada.

Elisa aplicou um passe em Ametista, que aos poucos começou a se sentir melhor.

- O que vocês fizeram comigo? - perguntava ela baixinho.

- Nós nada fizemos, Ametista. Como já disse, não existe punição nas leis divinas. O aspecto que você carrega e que finalmente enxerga com clareza é fruto das pesadas emanações de suas recordações de ódio. Aos poucos, seu espírito foi se tornando o reflexo do que você sentia, cópia fiel do que carrega em seu coração. Veja que suas mãos estão assim após tanto utilizá-las para a prática da destruição. Seus pés e pernas apenas refletem as dores e os gritos dos inúmeros trabalhadores que você, tão impiedosamente, ordenou que morressem, quebrando-lhes as pernas. Esse ardor que sente em seu íntimo é reflexo das ervas venenosas que você ministrou à sua irmã. Sua pele queima, pois, como bem deve lembrar, impôs à sua sobrinha uma morte dolorosa em um incêndio criminoso. É a lei de causa e efeito, Ametista. Somos todos um grande rio que corre para nosso Criador. E qualquer prejuízo causado por nós nessas águas será por nós sentido da mesma forma, pois somos um só. Ainda não entendeu que é machucando que mais você ficará ferida? Que é aterrorizando que mais sentirá medo? E, finalmente, que é matando que você cada vez mais encontrará a morte para si? Ah, minha irmã! Eu lhe digo que não há morte pior do que a morte em vida! Agora lhe oferecemos mais uma vez a oportunidade de refazimento. Esqueça esse ódio, e planejaremos para você mais uma reencarnação onde, aos poucos, irá palmilhar seu caminho de volta para a paz.

- Tenho medo... - disse Ametista, finalmente demonstrando um pouco de entendimento.

- Compreendo o seu medo, irmã - continuou Elisa. - O processo reencarnatório, como bem sabe, não é um passeio no parque que visa fornecer o esquecimento dos delitos passados. É, antes, um grande chamado para o trabalho de recuperação das horas inúteis empreendidas na ignorância. É grande fábrica de remanejamento e produção de corações em arrependimento e almas em redenção, onde o produto final é o espírito convicto da máxima "Amai-vos uns aos outros".

- Eu queria tanto acreditar! Ter esperanças... Mas, vejam, falhei em todas as tentativas. Se ao menos tivesse tido aquele filho que perdeu a vida comigo, no dia em que fui assassinada... Eu teria sua companhia para me amparar nessa longa caminhada. Mas não! Nada me foi dado. Só me resta agora a escuridão! Pois bem. Eu prefiro a escuridão a ter que reencarnar novamente no meio daqueles que ainda odeio tanto! Agradeço sua ajuda, mas não. Prefiro ficar aqui mesmo, ou para onde quer que me enviem, mas não quero reencarnar. E digo que, de onde eu estiver, continuarei odiando essa família!

- Como eu disse, irmã, nosso Criador nunca nos deixa sozinhos em nossas jornadas. E se nossos erros nos impõem as companhias dolorosas do passado, nosso mestre nos presenteia com corações que são para nós bálsamos de amor e serenidade. Há alguém aqui que quer lhe falar.

Elisa ergueu a destra e a colocou sobre a fronte de Théodore, ao mesmo tempo em que colocou a mão esquerda sobre a cabeça da médium que dava voz a Ametista. O campo de proteção que tornava Théodore invisível para Ametista foi retirado. Era a hora do reencontro. Ametista não o reconheceu de imediato, embora seu coração sentisse um sobressalto de emoção ao ouvi-lo falar:

- Ametista, peço que me escute, embora ainda não me reconheça neste momento. Somos amigos de longa data.

"Até hoje sinto o seu calor quando, mesmo contrariada, você me acolheu em seu ventre, dando-me a oportunidade redentora de mais uma reencarnação. Não se culpe, porém. Pois tudo assim devia acontecer, visto que muito negligenciei os carinhos maternos em minhas últimas reencarnações.

"Minha reencarnação nesta vida se fez a custo de muito sacrifício, pois meu espírito comprometido não encontrava mais braços amigos para me acolher em uma nova existência. Por isso, tive que lutar, ainda dentro do ventre, pela minha vida e pelo seu amor.

"Lembro-me, mãezinha, das ervas que você tomou, intoxicando-me as energias. Lembro-me de mendigar as migalhas do seu afeto, implorando dia e noite para que se alimentasse corretamente, alimentando também a mim.

"Meu pai e eu lutamos diariamente para que eu viesse ao mundo. E, apesar de todas as dificuldades, consegui nascer. E você, mãezinha? Você me deu à luz. Me deu a grande chance de me renovar na carne, aprendendo a ser melhor em um lar abençoado de paz. E hoje sou tão melhor do que era... Renasci, mãezinha, renasci! E peço que renasça também.

"Esqueça essa vingança. A família há muito se arrepende pelos equívocos cometidos no passado. Esqueça o ódio que tanto mal lhe faz. Vejo que agora você está tão diferente, mãezinha! Tão diferente das belas pinturas que eu, enquanto menino, costumava admirar. Quantas vezes eu ficava na biblioteca, conversando com você através do seu belo semblante, tão bem retratado pelo pintor. Você sempre foi tão bela! Eu bem sabia da gravidade dos seus atos antes da sua morte, mas isso nunca me incomodou. Sempre te achei linda. Para mim você sempre foi a minha rainha! Esse título, mãezinha, o título de nobreza que você tanto almejou e que, para obter, causou tanta destruição você sempre o teve gratuitamente em meu coração. Você sempre foi a minha duquesa!

"A estrada imperial que você desejava construir para te tornar célebre não vingou, bem o sei. Mas o caminho de amor que você construiu em meu coração ao me dar à luz, esse sim se transformou em uma estrada sólida e indestrutível. E essa estrada, mãezinha, ao invés de pedras, está cheia de amor. Cheia do amor que tenho por você.

"E é por ele que eu a convido a seguir para uma nova existência de paz. Essa estrada nos foi generosamente concedida pelo nosso amado mestre Jesus, é nela que nos reunimos novamente. Digo novamente, pois sou eu também o filho que você carregava na encarnação em que foi tristemente assassinada. Sofri junto com você aquelas dores, e também com você enveredei pelos vales sombrios. Felizmente, mãos amigas nos socorreram e nos conduziram para uma nova oportunidade de vida e aprendizado no seio daqueles que nos rejeitaram.

"E aqui estamos nós, reunidos novamente, com a graça de Deus. Veja, mãezinha, veja que a morte não separa ninguém. Apenas nossas dores e mágoas nos cegam e impedem a companhia daqueles a quem amamos verdadeiramente. Não morremos, mãezinha! Nem eu e nem você. Estamos apenas em planos diferentes, e que em nada nos impedem de comungar nossos sentimentos de mãe e filho. Vencemos, mãezinha! Vencemos... E vencemos não através da vingança, mas sim através do perdão. Aceite esse caminho. Aceite Clara, que agora lhe vem na figura doce de uma frágil criança. Ela é minha filha, e eu a amo tanto! Ela é sua neta. Não poderia aprender a amá-la? Não faria isso por mim, seu filho? Eu lhe imploro. Aceite o perdão desta família, que agora também é nossa família. Aceitando-a, a senhora me aceitará também, e prometo estar sempre próximo de você em oração e pensamentos. A morte nada vence mãezinha. O ódio nada frutifica. Só o perdão nos traz a paz.

- Filho... Meu filho... Então é aqui te encontro... - dizia Ametista, emocionada.

- Sim, minha mãe. Aqui estou eu. Sou também um deles. Eles são também a minha família. Eles são a sua família. E nós te amamos tanto! - respondeu Théodore chorando. Ametista também chorava muito. Os dois se abraçaram, suas mentes e espíritos se tocando em um emocionado reencontro.

Elisa interveio após minutos.

- Ametista, agora iremos precisar da sua ajuda. A menina Isabelle ainda sofre nas mãos daqueles que você ordenou que ficassem de prontidão no hospital.

- Eu... Vocês não têm força para retirá-los? - perguntou ela, enxugando as lágrimas.

- Certamente sim, mas, a título educativo, achamos mais produtivo que você os retire. Com o seu exemplo de perdão, poderemos tocar esses irmãos, chamando-os também ao refazimento moral.

- Entendo... Eu irei retirá-los, e trarei o espírito da menina desdobrado até aqui.

Ametista afastou-se da médium e dirigiu-se ao hospital. Encontrou Amália, que dormia debruçada ao lado do corpo de Isabelle. Ao lado dela, dezenas de obsessores se revezavam no trabalho de vampirização energética. Ao verem Ametista chegar, fizeram um sinal de reverência. Em silêncio, ela afastou os obsessores da menina e pegou-a no colo. Observou seu rosto doce e inocente. Em nada ela lembrava a jovem ambiciosa que lhe destruíra uma existência passada. Ela era a filha do seu filho. Um pedaço dele estava ali. E, portanto, um pedaço dela também.

- Que estranho mosaico da vida é a reencarnação. Reúne pedaços de amor em meio ao ódio, para que possamos aprender a amar o que nos causa repulsa - disse ela ao retirar-se do hospital levando Isabelle consigo.

Poucos minutos depois, ela chegava à casa espírita trazendo em seus braços o espírito desdobrado de Isabelle.

- Aqui está a menina. Ela precisa de cuidados.

Os médicos do plano espiritual colocaram Isabelle em uma maca e a levaram para as câmaras de tratamento.

- Obrigado, mãe. Obrigado por salvar minha filha - disse Théodore ao ser informado pela médium do que se passava.

Ametista, que o olhava de longe, baixou os braços emitindo, um pesado suspiro. Olhou para Elisa e disse:

- Eu aceito sua ajuda. Façam o que acharem melhor.

Elisa abriu um sorriso cheio de ternura.

- Que felicidade, Ametista. Venha. Há muito o que fazer - disse, estendendo-lhe a mão.

- Mas e meu filho? Poderei vê-lo novamente? - perguntou Ametista, virando-se para olhar para Théodore mais uma vez.

- Asseguro-lhe que você estará ao lado dele mais rápido do que imagina - respondeu Elisa e, conectando-se com uma médium da mesa, transmitiu uma última mensagem antes de partir levando Ametista consigo.

- Irmãos: o sofrimento acabou. Mais uma vez a paz venceu a guerra. Mais uma vez o ódio foi suprimido pela gigantesca e transformadora força do amor. Como bem observou Ametista, a reencarnação é o grande mosaico da vida, onde colhemos os fragmentos de dor e desilusão e os colocamos junto aos preciosos componentes de perdão e fraternidade, fazendo com isso um harmonioso painel. Bem lhes digo que em breve não mais será necessário que os homens se despedacem dolorosamente para que possam se reunir no amor. Chegará o dia em que aprenderão a não mais se reencontrarem apenas através da dor. E, em vez do laborioso mosaico de lágrimas, se reunirão em tintas de harmoniosas cores compondo um glorioso quadro de paz. Permaneçam firmes em seus propósitos e tenazes em suas convicções de doação ao próximo. Só a caridade é a lanterna que nos leva até Jesus. Somente recolhendo os estilhaços de dor do mundo encontraremos a tão sonhada serenidade em nossos corações. Haverá um dia em que não mais serão necessárias as reencarnações sucessivas de aprendizado. Não mais os homens se perderão nos labirintos escuros da ignorância. Haverá um dia em que todos os caminhos levarão a um só destino: aos braços do nosso Criador. E, nesse dia, todos os muros e paredes que guardam o desconhecido desaparecerão, e a luz finalmente se fará brilhante e definitiva nos corações de todos os seres.

Os médiuns se despediram emocionados. Cândido, Eugênia e Théodore permaneceram abraçados por um longo tempo.

- Vamos ao hospital ver a nossa menina? - sugeriu Eugênia.

A família dirigiu-se ao hospital cheia de fé e esperança, ciente de que, a partir daquele dia, uma nova oportunidade de paz havia pousado delicadamente sobre suas cabeças.

O APARATO QUE SUSTENTA SUAS PERNAS

1995. TARDE DE UM domingo de outono em São Paulo.

Um menino de olhos grandes e melancólicos atravessava, vacilante, a calçada que leva à entrada de sua escola dominical. Ao ver os amigos, seu rosto perde por instantes o aspecto triste e, num ímpeto raro de felicidade, ensaia uma corrida em direção aos colegas de classe. Porém, a pobre criança mal dá dois passos e se precipita ao chão, fazendo ressoar na sala o barulho do pesado aparato de metal que sustenta suas pernas defeituosas...

Do plano espiritual, juntamente com Cândido e Eugênia, Elisa observa Ametista, que, no corpo de Guilherme, luta para se levantar.

- A revolta ainda é latente no coração dela, Elisa. Devemos nos preocupar? - perguntou Eugênia.

- Não. É bem verdade que Ametista ainda carrega muita agressividade, mesmo estando em um corpo frágil, mas vejam que a presença de Martina lhe ajuda muito a mudar o padrão vibratório.

- A duquesa Desirée foi muito generosa em se oferecer para reencarnar com Ametista e lhe sustentar nessa difícil prova.

- Isso também. As duas estão unidas por laços muito distantes, mas Desirée também se sente em débito com Ametista, por questões ainda mais antigas.

- Entendo. O ciclo das reencarnações e resgates é interminável, não é? - comentou Cândido.

- Interminável não. Mas é realmente longo esse ciclo de reparações.

- E quanto à sua deficiência nas pernas? Poderá Ametista, no papel de Guilherme, ter uma vida saudável, experimentando um pouco de alegria? - perguntou Eugênia.

- Isso dependerá muito do entendimento desse espírito, Eugênia. Ametista trouxe da espiritualidade os registros de todas as atrocidades que cometeu. Seu corpo é um reflexo disso. E não, Guilherme não será um rapaz cheio de saúde, mas ter uma vida pacífica e feliz dependerá muito mais do seu estado íntimo. A grande prova dele será conter os impulsos de ódio e revolta que ainda carrega. Seu corpo será o grande freio para que ele não se perca nas ladeiras da vingança. Por outro lado, corre o risco de cair em penosa autocomiseração, que, além de improdutiva, pode lhe furtar a benéfica oportunidade de aprendizado. Ele ainda terá a prova de sentir-se preso em um corpo masculino, sendo que comunga características psíquicas femininas. Isso também exigirá dele a capacidade de sublimação. Felizmente, tudo foi planejado nos mínimos detalhes para que Guilherme tenha êxito. Todos os ingredientes foram colocados à sua disposição. É assim que acontece a todos. O Criador nos fornece os ingredientes para a receita de uma vida feliz. Cabe-nos apenas realizar essa delicada e complexa alquimia.

- Isabelle o recebeu como filho e o cria com amor e carinho - comentou Cândido.

- Ah, sim! Essa foi uma grande vitória. Isabelle consegue se redimir de seu passado de futilidades entregando-se ao doce labor materno, cuidando de um filho que mal conseguia se mexer, além dos inúmeros problemas respiratórios que ele também traz... A energia de repulsa que existia entre Ametista e Clara foi finalmente extinta através desse ato de amor.

- E Guilherme ainda conta com a ajuda prestimosa de Théodore, que agora é seu avô - disse Eugênia.

- Sim. Esse foi o grande presente dado a Ametista. Ter a companhia do filho amado na figura protetora de avô materno. Théodore ainda ficará tempo ao seu lado, visto que tem muito trabalho para desenvolver na casa espírita.

- Que alegria ver meu filho tão empenhado nos trabalhos iniciados por mim há tanto tempo! - exclamou Cândido.

- Sim. Tudo segue a contento. Agora é deixar que o tempo cumpra o seu papel de maravilhoso médico de todos os males. Daqui, ficaremos sempre vigilantes em oração e vibração.

- Elisa, tenho ainda uma pergunta. Na verdade, é um

pedido - disse Cândido, mostrando-se um pouco acanhado.

- Peça, meu amigo. Se me for possível, atenderei com prazer.

- Já estou aqui há algum tempo, e há muito sinto o desejo de rever meu amigo, o senhor Léon. Sei que ele provavelmente deve se ocupar de atividades nobres, mas seria possível encontrá-lo? Sinto tanta falta das nossas conversas e dos seus ensinamentos... Ele foi o meu primeiro mestre.

- Ele não fala em outra coisa, Elisa! Quer por que quer encontrar o velho amigo - comentou Eugênia.

Elisa sorriu. Demonstrando em sua expressão que já esperava por aquele pedido, abraçou o simpático casal e os conduziu para a larga alameda coberta de relva verde que ligava os diversos pavimentos do prédio da colônia espiritual em que se encontravam, dizendo:

- Não se preocupem. Esse encontro se fará em breve. O amigo Léon vem se ocupando da direção espiritual de inúmeras editoras e entidades espíritas na Terra. Logo logo ele solicitará sua ajuda nessa laboriosa atividade.

- Fico feliz em saber disso - respondeu Cândido.

- Eu imagino: os laços que unem vocês dois são também muito antigos. Mas, me diga, Cândido, já considerou a possibilidade de reencarnar como médico? Estamos precisando de mãos amigas e um coração abnegado para cumprir importante missão na área médica no Brasil....

Acácio dos Anjos (espírito)

15 de abril de 2015, Poços de Caldas, MG

EDITORA
AUTA DE SOUZA
LIVROS QUE ESCLARECEM E TRANSFORMAM
COMO ENTENDER MELHOR OS NOSSOS JOVENS
O Jovem e os Vícios
O Jovem e a Família
FALANDO AOS JOVENS
COMO EVANGELIZAR NOSSAS CRIANÇAS
Jesus nasceu, eu nasci
O lar de Jesus e o meu lar
MATERNAL I
Jesus me ensina: posso nascer de novo
JESUS
AMAR A DEUS
OUTRAS EDIÇÕES QUE AMPLIAM O NOSSO CONHECIMENTO
Deixai vir a mim as criancinhas...
Compreendendo a Dor Humana
Jesus
REUNIÃO PÚBLICA
CORRENTE MAGNÉTICA
Curso PASSE
Conheça o Espiritismo
www.editoraautadesouza.com.br
CONHEÇA NOSSO SITE